KB265525

왕초보
필수 영단어

읽고, 보고, 듣고, 쓰면서
배우는 영단어

왕초보
필수 영단어

인　쇄	2017년 3월 10일
발　행	2017년 3월 15일

지 은 이	정희경
펴 낸 이	배태수
펴 낸 곳	신라출판사
디 자 인	DesignDidot 디자인디도
등　록	1975년 5월 23일 제6-0216호
전　화	(02) 922-4735
팩　스	(02) 922-4736
주　소	구로구 중앙로 3길 12 서봉빌딩

ISBN　　978-89-7244-138-0 13740

＊잘못된 책은 구입한 곳에서 바꾸어드립니다.

읽고, 보고, 듣고, 쓰면서
배우는 영단어

왕초보
필수 영단어

정희경 엮음

신라출판사

《왕초보 필수 영단어》는 영어를 배우는 초보자가 영단어로 기초를 확실히 잡을 수 있도록 하였다. 초급단계에서 익혀야 할 1600단어를 알파벳 순서대로 배열하고, 상황별 단어(동물, 조류, 우리 몸, 색깔, 나라이름, 어류, 과일, 보석, 직업, 월(달), 스포츠, 야채, 요일) 등으로 구성하였다.

영어로 말을 한다는 것이 단어만으로 의미를 전달 할 수 있는 것은 아니지만 단어를 알지 못하면 의사소통이 불가능할 뿐만 아니라 상대방의 이야기도 들을 수 없다. 영어는 단어와 단어의 연결이므로 핵심단어만 잘 알고 있어도 대화의 흐름을 파악할 수 있다. 하지만 필요한 단어를 전혀 모르고 있다면 기본적인 의사소통이 불가능하다.

이 책은 영어를 배우는 초보자가 영어 발음을 빠르고 효율적으로 배울 수 있도록 발음기호를 표기하고, 쉽게 읽고 암기 할 수 있도록 단어마다 한글로 그 발음을 표기하였다. 따라서 영어를 배우는 초보자들도 이 책에 실린 1600단어만 확실하게 공부한다면 단어에 대한 자신감이 생기고 일상적인 생활회화에 많은 도움이 될 것이다.

영어를 배우는 초보자는 처음부터 많은 단어를 외우기보다는 일상적인 생활에서 필요한 단어와 그 의미를 먼저 알아야 한다. 생활 영어 속에 나오는 의미 단어를 확실하게 알고 있어야 배움에 대한 부담감과 혼란을 줄일 수 있기 때문이다. 그러기 위해서는 반복적인 연습으로 완전한 나의 것으로 만들어야 한다. 이러한 반복 연습을 할 수 있도록 이 책은 눈으로 보고, 귀로 듣고, 입으로 말하고, 손으로 쓰면서 단어를 암기할 수 있도록 하였다.

아무쪼록 영어를 배우고자 하는 초보자가 ≪왕초보 필수 영단어≫를 통해서 영어의 기초를 확실히 다질 수 있기를 바란다.

엮은이

읽고, 보고, 듣고, 쓰면서
배우는 영단어

왕초보 필수 영단어

Aa ~ Zz

| **a** | [ə] 어 | 하나의
(자음으로 시작하는 단어 앞에서 사용) |

a

| **about** | [əbáut] 어바우트 | ～에 대[관]하여 |

about

| **across** | [əkrɔ́ːs] 어크로-스 | 건너편에, ～건너에 |

across

| **act** | [ækt] 액트 | 하다, 행하다 |

act

| **address** | [ædrés] 어드레스 | 주소 |

address

| **afraid** | [əfréid]] 어프레이드 | 두려워하는, 무서워하는 |

afraid

| **after** | [ǽftər] 애프터 | ~의 뒤에, ~을 따라서 |

after

| **afternoon** | [æ̀ftərnúːn] 애프터누-운 | 오후 |

afternoon

| **again** | [əgéin] 어게인 | 다시, 또, 다시 한 번 |

again

| **age** | [eidʒ] 에이쥐 | 나이 |

age

| **ago** | [əgóu] 어고우 | ~전에 |

ago

| **agree** | [əgríː] 어그리- | 동의하다, 일치하다 |

agree

| **ahead** | [əhéd] 어헤드 | 앞에, 앞으로 |

ahead

| **air** | [ɛər] 에어 | 공기 |

air

| **airplane** | [ɛ́ərplèin] 에어플레인 | 비행기 |

airplane

| **airport** | [ɛ́ərpɔ̀:rt] 에어포-트 | 비행장 |

airport

| **album** | [ǽlbəm] 앨범 | 앨범 |

album

| **all** | [ɔ:l] 오-올 | 모든, 전부의 |

all

| **alligator** | [ǽligèitər] 앨리게이터 | 악어 |

alligator

| **almost** | [ɔ́:lmoust] 오-올모우스트 | 거의, 대부분 |

almost

| **along** | [əlɔ́:ŋ] 얼로-옹 | ～을 따라 |

along

| **a lot of** | [ə lɑt əv] 어 랕 어브 | 많은 |

a lot of

| **alphabet** | [ǽlfəbèt] 앨퍼벳 | 알파벳, 자모 |

alphabet

| **already** | [ɔ:lrédi] 오-올레디 | 이미, 벌써 |

already

| **also** | [ɔ́:lsou] 오-올소우 | ～도 또한, 역시 |

also

| **always** | [ɔ́:lweiz] 오-올웨이즈 | 언제나, 항상 |

always

| **am** | [æm] 앰 | ～이다
(be 동사, 1인칭 뒤에서 사용) |

am

| **ambulance** | [ǽmbjuləns] 앰뷸런스 | 구급차 |

ambulance

| **America** | [əmérikə] 어메리커 | 미국 |

America

| **American** | [əmérikən] 어메리컨 | 미국(인)의 |

American

| **among** | [əmʌ́ŋ] 어망 | ～의 사이에(서) |

among

| **amusement** | [əmjúːzmənt] 어뮤-즈먼트 | 놀이, 오락 |

amusement

| **an** | [ən] 언 | 하나의
(모음으로 시작되는 단어 앞에서 사용) |

an

| **and** | [ænd] 앤드 | ～와/과, 그리고 |

and

| **angry** | [ǽŋgri] 앵그리 | 화난 |

angry

| **animal** | [ǽnəməl] 애너멀 | 동물 |

animal

| **ankle** | [ǽŋkl] 앵클 | 복사뼈, 발목 |

ankle

| **another** | [ənʌ́ðər] 어나더 | 또 하나의, 다른 |

another

| **answer** | [ǽnsər] 앤서 | 대답(하다) |

answer

| **any** | [éni] 에니 | 무언가의, 조금도, 어떤 |

any

| **anyone** | [éniwʌ̀n] 에니원 | 누군가, 누구든지 |

anyone

anything	[éniθìŋ] 에니씽	무언가, 무엇이든
anything		
anywhere	[énihwɛ̀ər] 에니훼어	어디에도, 어디엔가
anywhere		
apartment	[əpáːrtmənt] 어파-트먼트	아파트
apartment		
apple	[ǽpl] 애플	사과
apple		
April	[éiprəl] 에이프럴	4월
April		
apron	[éiprən] 에이프런	앞치마
apron		
are	[ɑːr] 아 -	be 동사(~이다)
are		

| **arm** | [ɑːrm] 아암 | 팔 |

arm

| **around** | [əráund] 어라운드 | 주위에(를), 빙, 여기저기에 |

around

| **arrive** | [əráiv] 어라이브 | 도착하다 |

arrive

| **art** | [ɑːrt] 아-트 | 미술 |

art

| **artist** | [áːrtist] 아-티스트 | 화가 |

artist

| **ask** | [æsk] 애스크 | 묻다, 질문하다 |

ask

| **astronaut** | [æstrənɔ̀ːt] 애스트러노-트 | 우주 비행사 |

astronaut

| **at** | [æt] 앳 | (위치, 지점)~에, ~에서 |

at

| **ate** | [eit] 에이트 | eat(먹다)의 과거형 |

ate

| **August** | [ɔ́:gəst] 오-거스트 | 8월 |

August

| **aunt** | [ænt] 앤트 | 아주머니, 백(숙)모, 이(고)모 |

aunt

| **Australia** | [ɔ:stréiljə] 오스트레일리아 | 오스트레일리아 |

Australia

| **autumn** | [ɔ́:təm] 오-텀 | 가을 |

autumn

| **away** | [əwéi] 어웨이 | 떨어져서, 저쪽으로 |

away

ax

[æks] 액스　　　도끼

ax

| **kitten** | [kítn] 키튼 | 새끼 고양이 |
| kitten | | |

| **cat** | [kæt] 캣 | 고양이 |
| cat | | |

| **colt** | [koult] 코울트 | 망아지 |
| colt | | |

| **horse** | [hɔːrs] 호-스 | 말 |
| horse | | |

| **calf** | [kæf] 캐프 | 송아지 |
| calf | | |

| **cow** | [kau] 카우 | 소 |
| cow | | |

| **chick** | [tʃik] 췩 | 병아리 |

chick

| **hen** | [hen] 헨 | 암탉 |

hen

| **puppy** | [pʌ́pi] 퍼피 | 강아지 |

puppy

| **dog** | [dɑg] 닥 | 개 |

dog

| **duckling** | [dʌ́kliŋ] 더클링 | 새끼오리 |

duckling

| **duck** | [dʌk] 덕 | (집)오리 |

duck

| **piglet** | [píglit] 피글릿 | 돼지새끼 |

piglet

| **pig** | [pig] 픽 | 돼지 |

pig

| **kid** | [kid] 킷 | 새끼염소 |

kid

| **goat** | [gout] 고웃 | 염소 |

goat

| **lamb** | [læm] 램 | 새끼양 |

lamb

| **sheep** | [ʃiːp] 쉽 | 양 |

sheep

| **tadpole** | [tǽdpòul] 태드포울 | 올챙이 |

tadpole

| **frog** | [frɔg] 프록 | 개구리 |

frog

| **turtle** | [tə́:rtl] 터-틀 | 바다거북 |

turtle

| **tiger** | [táigər] 타이거 | 호랑이 |

tiger

| **lion** | [láiən] 라이언 | 사자 |

lion

| **elephant** | [éləfənt] 엘러펀트 | 코끼리 |

elephant

| **wolf** | [wulf] 울프 | 늑대 |

wolf

| **monkey** | [mʌ́ŋki] 멍키 | 원숭이 |

monkey

| **baby** | [béibi] 베이비 | 갓난아이, 젖먹이 |

baby

| **back** | [bæk] 백 | 등, 잔등. 몸 |

back

| **backpack** | [bǽkpæ̀k] 백팩 | 배낭 |

backpack

| **bad** | [bæd] 뱃 | 나쁜, 악질의 |

bad

| **bad cold** | [bæd kould] 뱃코울드 | 독감 |

bad cold

| **badminton** | [bǽdmintən] 뱃민턴 | 배드민턴 |

badminton

| **bag** | [bæg] 백 | (손)가방, 백 |

bag

| **bakery** | [béikəri] 베이커리 | 제과점 |

bakery

| **ball** | [bɔːl] 보-올 | 공 |

ball

| **balloon** | [bəlúːn] 벌루-운 | 기구, 풍선 |

balloon

| **banana** | [bənǽnə] 버내너 | 바나나 |

banana

| **band** | [bænd] 밴드 | 악대, 악단, 밴드 |

band

| **bank** | [bæŋk] 뱅크 | 은행 |

bank

| **barber** | [bá:rbər] 바-버 | 이발사 |

barber

| **baseball** | [béisbɔ̀:l] 베이스보-올 | 야구 |

baseball

| **basket** | [bǽskit] 배스킷 | 바구니 |

basketa

| **basketball** | [bǽskitbɔ̀:l] 배스킷보올 | 농구 |

basketball

| **bat** | [bæt] 뱉 | 방망이, 배트 |

bat

| **bath** | [bæθ] 배쓰 | 목욕, 목욕통 |

bath

| **bathroom** | [bǽθrù(:)m] 배쓰룸 | 욕실, 화장실 |

bathroom

| **be** | [bi:] 비이 | 있다, 이다 |

be

| **beach** | [bi:tʃ] 비-취 | 해변, 물가 |

beach

| **bear** | [bɛər] 베어 | 곰 |

bear

| **beautiful** | [bjúːtəfəl] 뷰-터펄 | 아름다운 |

beautiful

| **because** | [bikɔ́:z] 비코-즈 | ~ 때문에 |

because

| **become** | [bikʌ́m] 비컴 | ~이 되다 |

become

| **bed** | [bed] 벳 | 침대 |

bed

go to bed
[gou tu bed] 고우 투 벧   자다

go to bed

bedroom
[bédrùːm] 베드루-움   침실

bedroom

bee
[biː] 비-   꿀벌

bee

been
[bin] 빈   be동사의 과거분사
(〜이다, 〜있다)

been

before
[bifɔ́ːr] 비포-   앞에

before

began
[bigǽn] 비갠   begin(시작하다)의 과거형

began

begin
[bigín] 비긴   시작하다, 시작되다

begin

behind
[biháind] 비하인드　(장소)~뒤에

behind

bell
[bel] 벨　종, 초인종

bell

below
[bilóu] 빌로우　~의 아래에, 아래에

below

belt
[belt] 벨트　띠, 벨트

belt

bench
[bentʃ] 벤취　벤치, 긴 의자

bench

beside
[bisáid] 비사이드　~의 곁(옆)에

beside

best
[best] 베스트　「good의 최상급」
가장 좋은, 최선의

best

better

[bétər] 베터   「good의 비교급」보다 좋은

better

between

[bitwíːn] 비튀-인   ~의 사이에

between

bicycle

[báisikl] 바이시컬   자전거

bicycle

big

[big] 빅   큰

big

bill

[bil] 빌   계산서, 청구서

bill

bike

[baik] 바이크   (구어) 자전거

bike

bird

[bəːrd] 버-드   새

bird

birthday

[bə́:rədèi] 버-쓰데이   (탄)생일

birthday

black

[blæk] 블랙   검은

black

blackboard

[blǽkbɔ̀:rd] 블랙보-드   칠판

blackboard

blanket

[blǽŋkit] 블랭컷   담요

blanket

blind

[blaind] 블라인드   눈 먼. 장님(용)의

blind

block

[blak] 블락   막다, 블록, 구획

block

blood

[blʌd] 블러드   피, 혈액

blood

bloom

[blu:m] 블루-움   꽃, 꽃이 피다

bloom

blouse

[blaus] 블라우스   블라우스

blouse

blow

[blou] 블로우   (바람이)불다, 바람에 날리다

blow

blue

[blu:] 블루-   푸른, 하늘빛의

blue

blush

[blʌʃ] 블러쉬   얼굴을 붉히다

blush

board

[bɔ:rd] 보-드   게시판, 널빤지

board

boast

[boust] 보우스트   자랑하다, 떠벌리다

boast

| **boat** | [bout] 보우트 | 보트, 작은 배 |

boat

| **body** | [bádi] 바디 | 몸, 신체 |

body

| **boil** | [bɔil] 보일 | 끓다 |

boil

| **bone** | [boun] 보운 | 뼈, 뼈 모양의 것 |

bone

| **book** | [buk] 북 | 책, 책자 |

book

| **bookshelf** | [búkʃèlf] 북쉘프 | 서가, 책꽂이 |

bookshelf

| **bookstore** | [búkstɔ̀:r] 북스토- | 책방, 서점(미국; bookshop) |

bookstore

| **boot** | [buːt] 부-트 | 장화, 부츠 |

boot

| **bored** | [bɔːrd] 보-드 | 지루한, 싫증나는 |

bored

| **boring** | [bɔ́ːriŋ] 보-링 | 지루한 |

boring

| **born** | [bɔːrn] 보-온 | 타고난, 선천적인 |

born

| **borrow** | [bɔ́(ː)rou] 보로우 | 빌리다, 돈을 꾸다 |

borrow

| **both** | [bouθ] 보우쓰 | 양쪽의, 양쪽, 둘다 |

both

| **bottle** | [bátl] 바틀 | 병 |

bottle

bottom [bátəm] 바텀 밑바닥, (산)기슭

bottom

bought [bɔːt] 보-트 buy(사다)의 과거형

bought

bow [bau] 바우 절, 절하다

bow

bowl [boul] 보울 사발, 공기

bowl

box [baks] 박스 상자

box

boxing [báksiŋ] 박싱 권투, 복싱

boxing

boy [bɔi] 보이 소년, 남자 아이

boy

| **bracelet** | [bréislit] 브레이스릿 | 팔찌 |

bracelet

| **branch** | [bræntʃ] 브랜취 | (나뭇) 가지 |

branch

| **brave** | [breiv] 브레이브 | 용감한 |

brave

| **Brazil** | [brəzíl] 브러질 | 브라질 |

Brazil

| **bread** | [bred] 브렛 | 빵 |

bread

| **break** | [breik] 브레이크 | 깨뜨리다, 부수다 |

break

| **breakfast** | [brékfəst] 브렉퍼스트 | 조반, 아침밥 |

breakfast

| **breast** | [brest] 브레스트 | 가슴 |
| breast | | |

| **breath** | [breθ] 브레쓰 | 숨, 호흡, (흰)입김 |
| breath | | |

| **breathe** | [briːð] 브리-드 | 호흡하다, 숨을 쉬다 |
| breathe | | |

| **bridge** | [bridʒ] 브리쥐 | 다리, 교량 |
| bridge | | |

| **bright** | [brait] 브라이트 | (반짝반짝) 빛나는, 화창한 |
| bright | | |

| **bring** | [briŋ] 브링 | (물건을) 가져오다, (사람을) 데려오다 |
| bring | | |

| **Britain** | [brítn] 브리턴 | 영국 |
| Britain | | |

British

[brítiʃ] 브리티쉬   영국의, 영국 국민의

British

broad

[brɔ:d] 브로오드   폭이 넓은, 광대한

broad

broadcast

[brɔ́:dkæst] 브로-드 캐스트   방송하다

broadcast

broke

[brouk] 브로우크   break의 과거, 깨뜨렸다 빈털터리의

broke

broom

[bru(:)m] 브루(-)움   비(빗자루)

broom

brother

[brʌ́ðər] 브라더   (남자)형제

brother

brought

[brɔ:t] 브로-트   bring의 과거형, 가져왔다

brought

brown

[brown] 브라운 | 갈색의, 갈색, 밤색

brown

brush

[brʌʃ] 브라쉬 | 솔, 솔질

brush

bubble

[bʌ́bl] 버벌 | 거품

bubble

bug

[bʌg] 벅 | 곤충

bug

build

[bild] 빌드 | 세우다, 짓다

build

building

[bíldiŋ] 빌딩 | 건물, 건축물

building

built

[bilt] 빌트 | build(세우다)의 과거

built

bump

[bʌmp] 범프   부딪치다

bump

burn

[bəːrn] 버언   타다

burn

bus

[bʌs] 버스   버스

bus

bus stop

[bʌs stap] 버스 스탑   버스정류장

bus stop

business

[bíznis] 비즈니스   실업, 직업

business

busy

[bízi] 비지   바쁜

busy

but

[bʌt] 벗   그러나, 하지만

but

butter   [bʌ́tər] 버터-   버터

butter

butterfly   [bʌ́tərflài] ·버터플라이   나비

butterfly

button   [bʌ́tn] 버튼   단추

button

buy   [bai] 바이   사다

buy

by   [bai] 바이   ～의 곁에, 가까이에

by

bye   [bai] 바이   안녕

bye

eagle	[íːgl] 이-글	독수리

eagle

owl	[aul] 아울	올빼미

owl

sparrow	[spǽrou] 스패로우	참새

sparrow

swan	[swan] 스완	백조

swan

crow	[krou] 크로우	까마귀

crow

magpie	[mǽgpài] 맥파이	까치

magpie

| **crane** | [krein] 크레인 | 두루미 |

crane

| **pigeon** | [pídʒən] 피쥔 | 비둘기 |

pigeon

| **penguin** | [péŋgwin] 펭귄 | 펭귄 |

penguin

| **peacock** | [píːkàk] 피-칵 | 공작 |

peacock

| **parrot** | [pǽrət] 패럿 | 앵무새 |

parrot

| **ostrich** | [ɔ́(ː)stritʃ] 오(-)스트리취 | 타조 |

ostrich

| **head** | [hed] 헫 | 머리 |

head

| **hair** | [hɛər] 헤어 | 머리카락 |

hair

| **neck** | [nek] 넥 | 목 |

neck

| **shoulder** | [ʃóuldər] 쇼울드 | 어깨 |

shoulder

| **arm** | [ɑ:rm] 아암 | 팔 |

arm

| **chest** | [tʃest] 췌스트 | 가슴 |

chest

| **abdomen** | [ǽbdəmən] 앱더먼 | 배, 복부 |

abdomen

| **navel** | [néivəl] 네이벌 | 배꼽 |

navel

| **hand** | [hænd] 핸드 | 손 |

hand

| **finger** | [fíŋgər] 핑거 | 손가락 |

finger

| **wrist** | [rist] 리스트 | 손목 |

wrist

| **leg** | [leg] 렉 | 다리 |

leg

| **knee** | [ni:] 니- | 무릎 |

knee

| **foot** | [fut] 풑 | 발 |

foot

| **toe** | [tou] 토우 | 발가락 |

toe

| **back** | [bæk] 백 | 등, 잔등 |

back

cab	[kæb] 캡	택시
cab		
cabbage	[kǽbidʒ] 캐비쥐	양배추
cabbage		
cage	[keidʒ] 케이쥐	새장
cage		
cake	[keik] 케이크	케이크
cake		
calendar	[kǽləndər] 캘런더	달력
calendar		
call	[kɔːl] 코-올	부르다, 전화하다
call		

came	[keim] 케임	come(오다)의 과거형

came

camel	[kǽməl] 캐멀	낙타

camel

camera	[kǽmərə] 캐머러	카메라

camera

camp	[kæmp] 캠프	야영장, 천막

camp

camping	[kǽmpiŋ] 캠핑	캠핑, 야영

camping

can	[kæn] 캔	～할 수 있다

can

Canada	[kǽnədə] 캐너더	캐나다

Canada

Canadian

[kənéidiən] 커네이디언　캐나다(인)의

Canadian

candle

[kǽndl] 캔들　(양)초

candle

candy

[kǽndi] 캔디　사탕

candy

cannot

[kǽnat] 캐낫　～할 수 없다(=can't)

cannot

cap

[kæp] 캡　모자

cap

capital

[kǽpitl] 캐피틀　수도

capital

captain

[kǽptin] 캡틴　우두머리, 선장

captain

| **car** | [ka:r] 카- | 차 |

car

| **card** | [ka:rd] 카-드 | 카드 |

card

| **care** | [kɛər] 케어 | 걱정, 근심, 돌봄, 보살핌 |

care

| **careful** | [kέərfəl] 케어펄 | 주의 깊은, 조심성 있는, 신중한 |

careful

| **carol** | [kǽrəl] 캐럴 | 기쁨의 노래(joyous song), 축가 |

carol

| **carpet** | [ká:rpit] 카-핏 | 융단, 양탄자 |

carpet

| **carrot** | [kǽrət] 캐럿 | 당근 |

carrot

| **carry** | [kǽri] 캐리 | 운반하다 |

carry

| **cartoon** | [kɑːrtúːn] 카-투-운 | 풍자화, (시사) 만화 |

cartoon

| **case** | [keis] 케이스 | 상자 |

case

| **cassette** | [kæsét] 캐셋 | 카세트 |

cassette

| **castle** | [kǽsl] 캐슬 | 성, 성곽 |

castle

| **cat** | [kæt] 캣 | 고양이 |

cat

| **catch** | [kætʃ] 캐취 | 잡다 |

catch

| **caught** | [kɔ:t] 코-트 | catch의 과거형, 잡았다 |

caught

| **cause** | [kɔ:z] 코오즈 | 원인 |

cause

| **cave** | [keiv] 케이브 | 동굴 |

cave

| **ceiling** | [síːliŋ] 시-일링 | 천장 |

ceiling

| **celebrate** | [séləbrèit] 셀러브레이트 | 축하하다 |

celebrate

| **center** | [séntər] 센터 | 중심, 중앙 |

center

| **chain** | [tʃein] 체인 | 쇠사슬 |

chain

| **chair** | [tʃɛər] 췌어 | 의자 |

chair

| **chalk** | [tʃɔːk] 초-크 | 분필 |

chalk

| **chance** | [tʃæns] 챈스 | 기회 |

chance

| **change** | [tʃeindʒ] 췌인쥐 | 바꾸다 |

change

| **cheap** | [tʃiːp] 취-프 | 싼, 값이 싼 |

cheap

| **check** | [tʃek] 췍 | 확인하다 |

check

| **cheese** | [tʃiːz] 취-즈 | 치즈 |

cheese

cheetah	[tʃíːtə] 취-터	치타
cheetah		

chess	[tʃes] 췌스	체스, 서양장기
chess		

chew	[tʃuː] 츄-	씹다
chew		

chick	[tʃik] 췩	병아리
chick		

chicken	[tʃíkin] 취킨	닭, 병아리
chicken		

child	[tʃaild] 촤일드	아이
child		

children	[tʃíldrən] 췰드런	child의 복수, 아이들
children		

| **chin** | [tʃin] 췬 | 턱 |

chin

| **China** | [tʃáinə] 촤이너 | 중국 |

China

| **Chinese** | [tʃainíːz] 촤이니-즈 | 중국의, 중국어의, 중국인의 |

Chinese

| **chocolate** | [tʃɔ́ːkələt] 초-컬릿 | 초콜릿 |

chocolate

| **choice** | [tʃɔis] 쵸이스 | 선택 |

choice

| **choose** | [tʃuːz] 츄-즈 | 고르다, 선택하다 |

choose

| **chopstick** | [tʃápstìk] 촵스틱 | 젓가락 |

chopstick

| **chose** | [tʃouz] 쵸우즈 | choose(고르다)의 과거형 |

chose

| **Christmas** | [krísməs] 크리스머스 | 크리스마스 |

Christmas

| **church** | [tʃəːrtʃ] 춰-취 | 교회 |

church

| **circle** | [sə́ːrkl] 서-클 | 원, 동그라미 |

circle

| **city** | [síti] 시티 | 도시 |

city

| **class** | [klæs] 클래스 | 학급, 수업 |

class

| **classmate** | [klǽsmèit] 클래스메이트 | 동급생, 반 친구 |

classmate

| **classroom** | [klǽsrù(:)m] 클래스룸 | 교실 |

classroom

| **clean** | [kliːn] 클리-인 | 청결한, 깨끗한 |

clean

| **clean up** | [kliːn ʌp] 클라인 엎 | 치우다, ～을 청소하다 |

clean up

| **clear** | [kliər] 클리어 | 맑은 |

clear

| **clever** | [klé vər] 클레버 | 영리한 |

clever

| **climb** | [klaim] 클라임 | 오르다 |

climb

| **clock** | [klak] 클락 | 시계 |

clock

| **close** [1] | [klouz] 클로우즈 | 닫다, (눈을)감다 |

close

| **close** [2] | [klous] 클로우스 | 가까운 |

close

| **closet** | [klázit] 클라짓 | 옷장, 벽장 |

closet

| **cloth** | [klɔ(:)θ] 클로쓰 | 천, 헝겊 |

cloth

| **clothes** | [klouðz] 클로우드즈 | 옷 |

clothes

| **cloud** | [klaud] 클라우드 | 구름 |

cloud

| **cloudy** | [kláudi] 클라우디 | 흐린, 구름이 많은 |

cloudy

club	[klʌb] 클럽	클럽, 동호회

club

coal	[koul] 코울	석탄

coal

coast	[koust] 코우스트	연안, 해안

coast

coat	[kout] 코우트	외투, 코트

coat

coffee	[kɔ́:fi] 코-피	커피

coffee

coin	[kɔin] 코인	동전, 돈

coin

cold	[kould] 코울드	추운, 감기

cold

have a cold	[hæv ə kould] 햅 어 코울드	감기에 걸리다

have a cold

collect	[kəlékt] 컬렉트	모으다, 수집하다

collect

college	[kálidʒ] 칼리쥐	대학, 단과대학

college

color	[kʌ́lər] 컬러	색, 색깔

color

comb	[koum] 코움	머리빗(머리를 빗다)

comb

come	[kʌm] 컴	오다

come

comedy	[kámədi] 카머디	희극, 코미디

comedy

comic book

[kámik buk] 카믹 북   만화책

comic book

computer

[kəmpjú:tər] 컴퓨-터   컴퓨터, 전산기

computer

computer game

[kəmpjú:tər geim] 컴퓨터 게임   컴퓨터 게임

computer game

concert

[kánsə(:)rt] 칸서트   콘서트, 음악회

concert

condition

[kəndíʃən] 컨디션   조건, 상태

condition

contest

[kántest] 컨테스트   대회, 경연

contest

continue

[kəntínju:] 컨티뉴-   계속되다

continue

| **cook** | [kuk] 쿡 | 요리하다 |

cook

| **cookie** | [kúki] 쿠키 | 쿠키 |

cookie

| **cool** | [ku:l] 쿠-울 | 서늘(시원)한 |

cool

| **copy** | [kápi] 카피 | 사본, 복사 |

copy

| **correct** | [kərékt] 커렉트 | 옳은, 정확한 |

correct

| **corn** | [kɔ:rn] 코-온 | 옥수수 |

corn

| **corner** | [kɔ́:rnər] 코-너 | 모퉁이, 구석 |

corner

| **cotton** | [kátn] 카튼 | 솜, 면화 |

cotton

| **cough** | [kɔ(ː)f] 코-프 | 기침 |

cough

| **could** | [kud] 쿳 | can(〜할 수 있다)의 과거형 |

could

| **count** | [kaunt] 카운트 | 세다, 계산하다 |

count

| **country** | [kʌntri] 컨트리 | 나라, 국가, 지방 |

country

| **course** | [kɔːrs] 코-스 | 길, 진로 |

course

| **cousin** | [kʌzn] 카즌 | 사촌 |

cousin

| **cover** | [kʌ́vər] 커버 | 덮다, 가리다 |

cover

| **cow** | [kau] 카우 | 암소 |

cow

| **crab** | [kræb] 크랩 | 게 |

crab

| **cradle** | [kréidl] 크레이들 | 요람, 소아용 침대 |

cradle

| **crane** | [krein] 크레인 | 두루미 |

crane

| **crayon** | [kréiən] 크레이언 | 크레용 |

crayon

| **crazy** | [kréizi] 크레이지 | 미친 |

crazy

cream	[kri:m] 크리-임	크림

cream

crop	[krap] 크랖	(농)작물

crop

cross	[krɔːs] 크로-스	십자형, 건너다

cross

crowd	[kraud] 크라우드	군중

crowd

crown	[kraun] 크라운	왕관, 왕위

crown

cry	[krai] 크라이	울다, 외치다

cry

cucumber	[kjúːkʌmbər] 큐-컴버	오이

cucumber

| **culture** | [kʌ́ltʃər] 컬쳐 | 문화 |

culture

| **cup** | [kʌp] 컵 | 찻잔, 컵 |

cup

| **curious** | [kjúəriəs] 큐어리어스 | 호기심이 많은 |

curious

| **curly** | [kə́:rli] 커얼리 | 곱슬머리의 |

curly

| **curry** | [kə́:ri] 커-리 | 카레 |

curry

| **curtain** | [kə́:rtn] 커-턴 | 커텐 |

curtain

| **cut** | [kʌt] 컷 | 베다, 자르다 |

cut

cute

[kju:t] 큐-트   귀여운

cute

| red | [red] 렏 | 빨강 |

red

| blue | [blu:] 블루 | 파랑 |

blue

| white | [hwait] 화이트 | 흰색 |

white

| black | [blæk] 블랙 | 검은색 |

black

| green | [gri:n] 그리인 | 녹색 |

green

| yellow | [jélou] 옐로우 | 노랑 |

yellow

| **grey** | [grei] 그레이 | 회색 |

grey

| **orange** | [ɔ́(:)rindʒ] 오(-)린쥐 | 주황색 |

orange

| **purple** | [pə́:rpl] 퍼-플 | 자주색 |

purple

| **brown** | [braun] 브라운 | 다갈색 |

brown

Korea	[kəríːə] 커리-어	한국

Korea

China	[tʃáinə] 촤이너	중국

China

Japan	[dʒəpǽn] 줘팬	일본

Japan

America	[əmérikə] 어메리커	미국

America

England	[íŋglənd] 잉글런드	영국

England

Germany	[dʒə́ːrməni] 줘-머니	독일

Germany

Austria

[ɔ́ːstriə] 오-스트리어   오스트리아

Austria

Australia

[ɔːstréiljə] 오-스트레일러   오스트레일리아, 호주

Australia

Denmark

[dénmaːrk] 덴마-크   덴마크

Denmark

Vietnam

[viètnáːm] 비에트나암   베트남

Vietnam

Cambodia

[kæmbóudiə] 캠보우디어   캄보디아

Cambodia

Dd

dad	[dæd] 댓	아빠
dad		
daily	[déili] 데일리	매일의
daily		
dance	[dæns] 댄스	춤추다
dance		
dancing	[dǽnsiŋ] 댄싱	춤, 무도
dancing		
dancer	[dǽnsər] 댄서	춤추는 사람, 무용수
dancer		
danger	[déindʒər] 데인줘	위험
danger		

dangerous [déindʒərəs] 데인져러스 위험한

dangerous

dark [dɑːrk] 다-크 어두운

dark

date [deit] 데이트 날짜

date

daughter [dɔ́ːtər] 도-터 딸

daughter

day [dei] 데이 낮, 하루, 날

day

dead [ded] 뎃 죽은

dead

deaf [def] 데프 귀머거리의

deaf

| **dear** | [diər] 디어 | 친애하는, 사랑하는 |

dear

| **death** | [deθ] 데쓰 | 죽음 |

death

| **December** | [disémbər] 디셈버 | 12월 |

December

| **deep** | [di:p] 디-입 | 깊은 |

deep

| **deer** | [diər] 디어 | 사슴 |

deer

| **degree** | [digrí:] 디그리- | 정도, 온도 |

degree

| **delicious** | [dilíʃəs] 딜리셔스 | 맛있는 |

delicious

dentist

[déntist] 덴티스트   치과의사

dentist

department store

[dipá:rtmənt stɔ:r] 디파-트먼트스토-   백화점

department store

desk

[desk] 데스크   책상

desk

dial

[dáiəl] 다이얼   전화 걸다

dial

diary

[dáiəri] 다이어리   일기, 일기장

diary

dictionary

[díkʃənèri] 딕셔네리   사전

dictionary

did

[did] 디드   do(하다)의 과거

did

die [dai] 다이 죽다

die

difference [dífərəns] 디퍼런스 다름, 차이

difference

different [dífərənt] 디퍼런트 다른

different

difficult [dífikʌlt] 디피컬트 어려운

difficult

diligent [dílədʒənt] 딜리젼트 근면한, 노력하는

diligent

dinner [dínər] 디너 저녁식사

dinner

dinosaur [dáinəsɔ̀:r] 다이너소- 공룡

dinosaur

dirty | [də́:rti] 더-티 | 더러운

dirty

disagree | [dìsəgrí:] 디스어그리- | 동의하지 않다

disagree

discount | [dískaunt] 디스카운트 | 할인

discount

discover | [diskʌ́vər] 디스커버 | 발견하다

discover

dish | [diʃ] 디쉬 | 접시

dish

do | [du] 두 | ~하다

do

does | [dʌz] 더즈 | do의 3인칭·단수형

does

| **doctor** | [dáktər] 닥터 | 의사, 박사 |

doctor

| **dog** | [dɑg] 닥 | 개 |

dog

| **doll** | [dɑl] 달 | 인형 |

doll

| **dollar** | [dálər] 달러 | 달러(미국의 화폐단위) |

dollar

| **dolphin** | [dálfin] 달핀 | 돌고래 |

dolphin

| **donkey** | [dáŋki] 당키 | 당나귀 |

donkey

| **don't** | [dount] 도운트 | ～하지 않다(=do not) |

don't

door [dɔːr] 도-어 문, 방문

door

double [dʌ́bl] 더벌 두 배의

double

down [daun] 다운 아래로(에)

down

downstairs [dównstɛ́ərz] 다운스테어즈 아래층에(으로)

downstairs

dragon [drǽgən] 드래건 용

dragon

drank [drǽŋk] 드랭크 drink(마시다)의 과거

drank

draw [drɔː] 드로- 끌다, 당기다

draw

draw [2]

[drɔ:] 드로-   (그림을)그리다

draw

dream

[dri:m] 드리-임   꿈

dream

dress

[dres] 드레스   옷을 입히다

dress

drink

[driŋk] 드링크   마시다

drink

drive

[draiv] 드라이브   운전하다

drive

driver

[dráivər] 드라이버   운전기사

driver

drop

[drap] 드랍   떨어뜨리다

drop

drove

[drouv] 드로우브   drive(운전하다)의 과거

drove

drum

[drʌm] 드럼   북

drum

dry

[drai] 드라이   마른, 건조한

dry

duck

[dʌk] 덕   오리

duck

during

[djúəriŋ] 듀어링   ~동안

during

dust

[dʌst] 더스트   먼지

dust

Ee

each	[iːʧ] 이-취	각각의

each

eagle	[íːgl] 이-걸	독수리

eagle

ear	[iər] 이어	귀

ear

early	[ə́ːrli] 어-얼리	일찍이, 일찍

early

earth	[əːrθ] 어-쓰	지구

earth

east	[iːst] 이-스트	동쪽

east

| **easy** | [í:zi] 이-지 | 쉬운 |

easy

| **eat** | [i:t] 이-트 | 먹다 |

eat

| **egg** | [eg] 엑 | 달걀, 계란 |

egg

| **eight** | [eit] 에이트 | 8, 여덟 |

eight

| **eighteen** | [eití:n] 에이티-인 | 열여덟 |

eighteen

| **eighth** | [eitө] 에잇쓰 | 여덟째의 |

eighth

| **eighty** | [éiti] 에이티 | 80, 여든 |

eighty

| **elbow** | [élbou] 엘보우 | 팔꿈치 |

elbow

| **electric** | [iléktrik] 일렉트릭 | 전기의 |

electric

| **elephant** | [éləfənt] 엘러펀트 | 코끼리 |

elephant

| **elevator** | [éləvèitər] 엘러베이터 | 엘리베이터 |

elevator

| **eleven** | [ilévən] 일레번 | 열하나 |

eleven

| **empty** | [émpti] 엠프티 | 빈, 공허한 |

empty

| **end** | [end] 엔드 | 끝 |

end

| **energy** | [énərdʒi] 에너쥐 | 에너지, 힘 |

energy

| **English** | [íŋgliʃ] 잉글리쉬 | 영국의, 영어의 |

English

| **England** | [íŋglənd] 잉글런드 | 영국 |

England

| **enjoy** | [endʒói] 엔죠이 | 즐기다 |

enjoy

| **enough** | [inʌ́f] 이너프 | 충분한 |

enough

| **enter** | [éntər] 엔터 | 들어가다 |

enter

| **entrance** | [éntrəns] 엔트런스 | 입구 |

entrance

| **equal** | [íːkwəl] 이-퀄 | 같은 |

equal

| **erase** | [iréiz] 이레이즈 | 지우다 |

erase

| **eraser** | [iréizər] 이레이서 | 지우개 |

eraser

| **escalator** | [éskəlèitər] 에스컬레이터 | 에스컬레이터 |

escalator

| **evening** | [íːvniŋ] 이-브닝 | 저녁 |

evening

| **event** | [ivént] 이벤트 | 사건 |

event

| **every** | [évri] 에브리- | 모든 |

every

| **everybody** | [évribàdi] 에브리바디 | 모든 사람, 누구나 |

everybody

| **everyone** | [évriwʌ̀n] 에브리원 | 모두, 여러분 |

everyone

| **everything** | [évriθìŋ] 에브리씽 | 모든 것 |

everything

| **example** | [igzǽmpl] 이그잼펄 | 예, 보기 |

example

| **excited** | [iksáitid] 익사이팃 | 흥분한 |

excited

| **exciting** | [iksáitiŋ] 익사이팅 | 흥분시키는 |

exciting

| **excuse** | [ikskjúːz] 익스큐-즈 | 용서하다 |

excuse

exercise

[éksərsàiz] 엑서사이즈   연습(하다)

exercise

exit

[éksit] 엑싯   출구

exit

expensive

[ikspénsiv] 익스펜시브   값비싼

expensive

explain

[ikspléin] 익스플레인   설명하다

explain

express

[iksprés] 익스프레스   표현하다

express

eye

[ai] 아이   눈

eye

# Ff

face [feis] 페이스 얼굴

face

fact [fækt] 팩트 사실

fact

fail [feil] 페일 실패하다

fail

fair [fɛər] 페어 공평한

fair

fall [1] [fɔːl] 포-올 가을

fall

fall [2] [fɔːl] 포-올 떨어지다

fall

| **family** | [fǽməli] 패멀리 | 가족 |

family

| **famous** | [féiməs] 페이머스 | 유명한 |

famous

| **fan** | [fæn] 팬 | 부채, 선풍기 |

fan

| **far** | [fɑːr] 파- | 멀리 |

far

| **farm** | [fɑːrm] 파-암 | 농장, 농지 |

farm

| **farmer** | [fɑ́ːrmər] 파-머 | 농부 |

farmer

| **fashion designer** | [fǽʃən dizáinər] 패션 디자이너 | 패션 디자이너 |

fashion designer

| **fashion model** | [fǽʃən mádl] 패션 마들 | 패션 모델 |

fashion model

| **fast** | [fæst] 패스트 | 빠른 |

fast

| **fasten** | [fǽsn] 패슨 | 묶다 |

fasten

| **fat** | [fæt] 팻 | 살찐 |

fat

| **father** | [fáːðər] 파-더 | 아버지 |

father

| **favorite** | [féivərit] 페이버릿 | 마음에 드는, 특히 좋아하는 |

favorite

| **feather** | [féðər] 페더 | 깃털 |

feather

February

[fébruèri] 페브루에리   2월

February

feed

[fi:d] 피-드   먹이다

feed

feel

[fi:l] 피-일   만지다, 느끼다

feel

feeling

[fí:liŋ] 피-일링   감각, 촉각

feeling

feet

[fi:t] 피-트   foot(발)의 복수형

feet

fellow

[félou] 펠로우   동무, 친구

fellow

felt

[felt] 펠트   feel(느끼다)의 과거형

felt

| **festival** | [féstəvəl] 페스터벌 | 축제, 잔치 |

festival

| **fever** | [fíːvər] 피-버 | 열 |

fever

| **few** | [fjuː] 퓨- | 거의 없는 |

few

| **field** | [fiːld] 피-일드 | 들(판) |

field

| **fifteen** | [fìftíːn] 피프티-인 | 열 다섯 |

fifteen

| **fifth** | [fifə] 핍쓰 | 다섯째의 |

fifth

| **fifty** | [fífti] 피프티 | 50, 쉰 |

fifty

| **fight** | [fait] 파이트 | 싸우다 |

fight

| **fill** | [fil] 필 | 채우다 |

fill

| **film** | [film] 필름 | 영화 |

film

| **find** | [faind] 파인드 | 발견하다 |

find

| **fine** | [fain] 파인 | 좋은, 훌륭한 |

fine

| **finger** | [fíŋgər] 핑거 | 손가락 |

finger

| **finish** | [fíniʃ] 피니쉬 | 끝내다 |

finish

| **fire** | [fáiər] 파이어 | 불 |

fire

| **fire fighter** | [fáiər fàitər] 파이어 파이터 | 소방관 |

a

| **fireman** | [fáiərmən] 파이어먼 | 소방관 |

fireman

| **first** | [fə:rst] 퍼-스트 | 첫(번)째의 |

first

| **fish** | [fiʃ] 피쉬 | 물고기 |

fish

| **fishing** | [fíʃiŋ] 피슁 | 낚시 |

fishing

| **five** | [faiv] 파이브 | 다섯 |

five

fix

[fiks] 픽스

고치다

fix

flag

[flæg] 플래그

기(깃발)

flag

flew

[fluː] 플루-

fly의 과거형, 날렸다

flew

floor

[flɔːr] 플로-

(건물의)층

floor

flower

[fláuər] 플라우어

꽃

flower

fly ¹

[flai] 플라이

날다, 날아가다

fly

fly ²

[flai] 플라이

파리

fly

| **follow** | [fálou] 팔로우 | 따라가다 |

follow

| **food** | [fu:d] 푸-드 | 음식 |

food

| **fool** | [fu:l] 푸-울 | 바보 |

fool

| **foolish** | [fú:liʃ] 푸-울리쉬 | 미련한 |

foolish

| **foot** | [fut] 풋 | 발 |

foot

| **on foot** | [an fut] 온풋 | 걸어서 |

on foot

| **football** | [fútbɔ̀:l] 풋보-올 | 축구 |

football

| **for** | [fɔːr] 포- | ～을 위해 |
| for | | |

| **forehead** | [fɔ́(ː)rid] 포리드 | 이마 |
| forehead | | |

| **foreign** | [fɔ́(ː)rin] 포린 | 외국의 |
| foreign | | |

| **foreigner** | [fɔ́(ː)rinər] 포리너- | 외국인 |
| foreigner | | |

| **forest** | [fɔ́(ː)rist] 포리스트 | 숲 |
| forest | | |

| **forget** | [fərgét] 퍼겟 | 잊다 |
| forget | | |

| **fork** | [fɔːrk] 포-크 | 포크 |
| fork | | |

forty

[fɔ́:rti] 포-티   40, 마흔

forty

four

[fɔːr] 포-   4, 넷

four

fourteen

[fɔ̀:rtíːn] 포-티-인   14, 열 넷

fourteen

fourth

[fɔːrθ] 포-쓰   넷째의

fourth

forward

[fɔ́:rwərd] 포-워드   앞으로

forward

found

[faund] 파운드   find(찾다, 발견하다)의 과거형

found

fox

[faks] 팍스   여우

fox

| **France** | [fræns] 프랜스 | 프랑스 |

France

| **free** | [fri:] 프리- | 자유로운, 한가한 |

free

| **French fries** | [French fries] 프랜취 프라이즈 | 감자튀김 |

French fries

| **fresh** | [freʃ] 프레쉬 | 새로운, 신선한 |

fresh

| **Friday** | [fráidi] 프라이디 | 금요일 |

Friday

| **friend** | [frend] 프렌드 | 친구 |

friend

| **frog** | [frɔ:g] 프로-그 | 개구리 |

frog

| **from** | [frʌm] 프럼 | ～로부터, ～에서 |

from

| **front** | [frʌnt] 프런트 | 앞(쪽) |

front

| **in front of** | [in frʌnt əv] 인 프런트 업 | ～앞에 |

in front of

| **fruit** | [fruːt] 프루-트 | 과일 |

fruit

| **fry** | [frai] 프라이 | 튀기다 |

fry

| **full** | [ful] 풀 | 가득 찬 |

full

| **fun** | [fʌn] 펀 | 즐거운 생각, 기쁨, 재미 |

fun

| **funny** | [fʌ́ni] 퍼니 | 재미있는 |

funny

| **fur** | [fəːr] 퍼- | 모피, 털 |

fur

| **furniture** | [fə́ːrnitʃər] 퍼-니춰- | 가구 |

furniture

| **future** | [fjúːtʃər] 퓨-춰 | 미래 |

future

carp	[ka:rp] 카-프	잉어	
carp			
shark	[ʃa:rk] 샤-크	상어	
shark			
tuna	[tjú:nə] 튜-너	참치	
tuna			
eel	[i:l] 이일	뱀장어	
eel			
salmon	[sǽ mən] 새먼	연어	
salmon			
shrimp	[ʃrimp] 쉬림프	작은 새우	
shrimp			

mackerel

[mǽkərəl] 매커럴　　　고등어

mackerel

trout

[traut] 트라웉　　　송어

trout

flatfish

[flǽtfish] 플랫피쉬　　　넙치, 가자미

flatfish

crucian

[krú :ʃən] 크루-션　　　붕어

crucian

loach

[loutʃ] 로우취　　　미꾸라지

loach

apple [ǽpl] 애플 사과

apple

banana [bənǽnə] 버내너 바나나

banana

cherry [tʃéri] 췌리 버찌, 체리

cherry

grape [greip] 그레잎 포도

grape

melon [mélən] 멜런 멜론

melon

mango [mǽŋgou] 맹고우 망고

mango

| **mandarin** | [mǽndərin] 맨더린 | 귤 |

mandarin

| **orange** | [ɔ́(:)rindʒ] 오(-)린쥐 | 오렌지 |

orange

| **pear** | [pεər] 페어 | 서양배 |

pear

| **peach** | [piːtʃ] 피-취 | 복숭아 |

peach

| **persimmon** | [pəːrsímən] 퍼-시먼 | 감 |

persimmon

| **pineapple** | [páinæpl] 파인애플 | 파인애플 |

pineapple

| **strawberry** | [strɔ́ːbèri] 스트로-베리 | 딸기 |

strawberry

watermelon

[wɔ́:tərmèlən] 워-터멜런 수박

watermelon

game	[geim] 게임	놀이, 경기

game

garden	[gá:rdn] 가-든	정원, 마당, 뜰

garden

gas	[gæs] 개스	가스

gas

gate	[geit] 게이트	문

gate

gave	[geiv] 게이브	give(주다)의 과거형

gave

gentle	[dʒéntl] 젠틀	온화한, 부드러운

gentle

| **gentleman** | [ʤéntlmən] 젠틀먼 | 신사 |

gentleman

| **German** | [ʤə́ːrmən] 져-먼 | 독일사람 |

German

| **Germany** | [ʤə́ːrməni] 져-머니 | 독일 |

Germany

| **get** | [get] 겟 | 얻다 |

get

| **get up** | [get ʌp] 겟엎 | 일어나다 |

get up

| **gift** | [gift] 기프트 | 선물 |

gift

| **giraffe** | [ʤərǽf] 쥐래프 | 기린 |

giraffe

| **girl** | [gəːrl] 거-얼 | 소녀 |

girl

| **give** | [giv] 기브 | 주다 |

give

| **glad** | [glæd] 글래드 | 기쁜 |

glad

| **glass** | [glæs] 글래스 | 유리(잔) |

glass

| **glasses** | [glæsiz] 글래시즈 | 안경 |

glasses

| **glove** | [glʌv] 글러브 | 장갑 |

glove

| **glue (stick)** | [glúː (stik)] 글루-(스틱) | 풀 |

glue

| **go** | [gou] 고우 | 가다 |

go

| **goal** | [goul] 고울 | 골, 목적 |

goal

| **goat** | [gout] 고우트 | 염소 |

goat

| **god** | [gad] 갓 | 신 |

god

| **gold** | [gould] 고울드 | 금 |

gold

| **golf** | [galf] 골프 | 골프 |

golf

| **good** | [gud] 굿 | 좋은 |

good

| **good-bye** | [gùd-bái] 굿바이 | 안녕 |

good-bye

| **goose** | [gu:s] 구-스 | 거위(복수; geese) |

goose

| **gorilla** | [gərílə] 고릴러 | 고릴라 |

gorilla

| **grade** | [greid] 그레이드 | 등급, 학년 |

grade

| **grandfather** | [grǽndfɑ̀:ðər] 그랜드파-더 | 할아버지 |

grandfather

| **grandmother** | [grǽndmʌ̀ðər] 그랜드머더 | 할머니 |

grandmother

| **grandparents** | [grǽndpɛ̀ərənt] 그랜드 페어런츠 | 조부모 |

grandparents

| **grape** | [greip] 그레이프 | 포도 |

grape

| **grass** | [græs] 그래스 | 풀 |

grass

| **grasshopper** | [grǽshàpər] 그래스하퍼 | 메뚜기 |

grasshopper

| **gray** | [grei] 그레이 | 회색(=grey) |

gray

| **great** | [greit] 그레이트 | 큰, 훌륭한 |

great

| **green** | [gri:n] 그리-인 | 녹색 |

green

| **greeting** | [grí:tiŋ] 그리-팅 | 인사 |

greeting

grew	[gru:] 그루-	grow(자라다)의 과거
grew		

ground	[graund] 그라운드	땅, 운동장
ground		

group	[gru:p] 그루-웁	떼, 그룹
group		

grow	[grou] 그로우	자라다, 성장하다
grow		

guest	[gest] 게스트	손님
guest		

guide	[gaid] 가이드	안내자
guide		

guitar	[gitá:r] 기타-	기타
guitar		

gym

[ʤim] 짐

체육관

gym

had	[hæd] 핻	~을 가졌다(have의 과거형)

had

hair	[hɛər] 헤어	머리카락

hair

hairpin	[hɛ́ərpìn] 헤어핀	머리핀

hairpin

half	[hæf] 해프	(절)반

half

hall	[hɔːl] 호-올	홀, 강당

hall

Halloween	[hæ̀ləwíːn] 핼러위인	핼러윈, 모든 성인의 날 전야

Halloween

hamburger

[hǽmbə̀:rgər] 햄버-거   햄버거

hamburger

hamster

[hǽmstər] 햄스터   햄스터

hamster

hand

[hǽnd] 핸드   손

hand

handle

[hǽndl] 핸들   손잡이

handle

handsome

[hǽnsəm] 핸섬   잘 생긴

handsome

hang

[hǽŋ] 행   매달다

hang

hang up

[hǽŋ ʌp] 행엎   (전화를) 끊다

hang up

happen

[hǽpən] 해펀　　일어나다

happen

happy

[hǽpi] 해피　　행복한

happy

hard

[ha:rd] 하-드　　굳은, 딱딱한

hard

has

[hæz] 해즈　　have의 3인칭 단수형

has

hat

[hæt] 햇　　(테가 있는)모자

hat

hate

[heit] 헤이트　　싫어하다, 미워하다

hate

have

[hæv] 해브　　가지고 있다

have

| **have to** | [hæv tu] 햅투 | ～해야 한다 |

have to

| **he** | [hiː] 히- | 그, 그 남자 |

he

| **head** | [hed] 헷 | 머리 |

head

| **headache** | [hédèik] 헤드익 | 두통 |

headache

| **health** | [helθ] 헬쓰 | 건강 |

health

| **hear** | [hiər] 히어 | 듣다 |

hear

| **heart** | [haːrt] 하-트 | 심장, 마음 |

heart

| **heavy** | [hévi] 헤비 | 무거운, 대형의 |

heavy

| **helicopter** | [hélikàptər] 헬리캅터 | 헬리콥터 |

helicopter

| **hello** | [helóu] 헬로우 | 여보세요 |

hello

| **help** | [help] 헬프 | 돕다 |

help

| **helmet** | [hélmit] 헬밋 | 헬멧 |

helmet

| **hen** | [hen] 헨 | 암탉 |

hen

| **her** | [həːr] 허- | 그녀의(를, 에게) |

her

| **here** | [hiər] 히어 | 여기에(서) |

here

| **hers** | [hə:rz] 허-즈 | 그녀의 것 |

hers

| **hero** | [híə:rou] 히-로우 | 영웅 |

hero

| **hi** | [hai] 하이 | 안녕 |

hi

| **hide** | [haid] 하이드 | 숨기다, 숨다 |

hide

| **high** | [hai] 하이 | 높은 |

high

| **hike** | [haik] 하익 | 하이킹 가다 |

hike

| **hiking** | [háikiŋ] 하이킹 | 하이킹, 도보여행 |

hiking

| **hill** | [hil] 힐 | 언덕 |

hill

| **him** | [him] 힘 | 그를(에게) |

him

| **his** | [hiz] 히즈 | 그의 (것) |

his

| **history** | [hístəri] 히스터리 | 역사 |

history

| **hit** | [hit] 힛 | 때리다, 치다 |

hit

| **hold** | [hould] 호울드 | 잡다 |

hold

hold on

[hould ɔn] 호울드온   (전화상)기다리다

hold on

hole

[houl] 호울   구멍

hole

holiday

[hálədèi] 할러데이   휴가, 휴일

holiday

home

[houm] 호움   가정

home

hometown

[hóumtàun] 호움타운   고향

hometown

homework

[hóumwè:rk] 호움웍   숙제

homework

hope

[houp] 호우프   희망

hope

| **horse** | [hɔːrs] 호-스 | 말 |

horse

| **hospital** | [háspitl] 하스피틀 | 병원 |

hospital

| **hot** | [hat] 핫 | 뜨거운, 따끈 따끈한 |

hot

| **hot dog** | [hat dag] 핫닥 | 핫도그 |

hot dog

| **hotel** | [houtél] 호우텔 | 호텔, 여관 |

hotel

| **hour** | [áuər] 아우어 | 시간, 시각 |

hour

| **house** | [haus] 하우스 | 집 |

house

| **how** | [hau] 하우 | 어떻게 |

how

| **hundred** | [hʌ́ndrəd] 헌드럿 | 백, 100 |

hundred

| **hungry** | [hʌ́ŋgri] 헝그리 | 배고픈 |

hungry

| **hunt** | [hʌnt] 헌트 | 사냥하다 |

hunt

| **hurry** | [hə́:ri] 허-리 | 서두름 |

hurry

| **hurt** | [hə:rt] 허-트 | 상처 내다, 아프게 하다 |

hurt

| **husband** | [hʌ́zbənd] 허즈번드 | 남편 |

husband

I	[ai]] 아이	나(1인칭 주격)
ice	[ais] 아이스	얼음(과자)
ice cream	[aís krì:m] 아이스크리-임	아이스크림
idea	[aidí:ə] 아이디-어	생각
iguana	[igwá:nə] 이과-너	이구아나
ill	[il] 일	병든

| **imagination** | [imæ̀dʒənéiʃən]
이매져네이션 | 상상(력) |

imagination

| **import** | [impɔ́:rt] 임포-트 | 수입하다 |

import

| **important** | [impɔ́:rtənt] 임포-턴트 | 중요한 |

important

| **in** | [in] 인- | ～의 안에 |

in

| **inch** | [intʃ] 인취 | 인치 |

inch

| **India** | [índiə] 인디어 | 인도 |

India

| **Indian** | [índiən] 인디언 | 인도사람 |

Indian

Indonesia

[ìndouníːʒə] 인도우니-줘   인도네시아

Indonesia

industry

[índəstri] 인더스토리   산업, 공업

industry

ink

[iŋk] 잉크   잉크

ink

inline skating

[ínlàin skéitiŋ] 인라인 스케이팅   인라인스케이팅

inline skating

inside

[ínsàid] 인사이드   안쪽

inside

instead

[instéd] 인스텟   그 대신에

instead

instrument

[ínstrəmənt] 인스트러먼트   악기

instrument

interest

[íntərəst] 인터리스트 관심, 흥미

interest

interesting

[íntərəstiŋ] 인터리스팅 재미있는

interesting

into

[íntu] 인투 ～안으로

into

introduce

[ìntrədjúːs] 인트러듀-스 소개하다

introduce

invent

[invént] 인벤트 발명하다

invent

invite

[inváit] 인바이트 초대하다

invite

iron

[áiərn] 아이언 철, 다리미

iron

| **is** | [iz] 이즈 | ～이다
(be 동사의 3인칭 단수형) |

is

| **isn't** | [íznt] 이즌트 | ～이 아니다(=is not) |

isn't

| **island** | [áilənd] 아일런드 | 섬 |

island

| **it** | [it] 잇 | 그것 |

it

| **itself** | [itsélf] 잇셀프 | 그 자신을(에게) |

itself

Jj

jacket	[dʒǽkit] 재킷	재킷, 웃옷
jacket		
jam	[dʒæm] 잼	잼
jam		
January	[dʒǽnjuèri] 재뉴에리	1월
January		
Japan	[dʒəpǽn]] 져팬	일본
Japan		
Japanese	[dʒæpəníːz] 재퍼니-즈	일본인(의)
Japanese		
jeans	[dʒíːnz] 지인즈	(면)바지
jeans		

| **jewel** | [dʒúːəl] 쥬우얼 | 보석 |

jewel

| **job** | [dʒab] 잡 | 일, 직업 |

job

| **jogging** | [dʒágiŋ] 쟈깅 | 조깅, 달리기 |

jogging

| **join** | [dʒɔin] 조인 | 참여하다 |

join

| **joke** | [dʒouk] 죠욱 | 농담 |

joke

| **journey** | [dʒə́ːrni] 줘-니 | 여행 |

journey

| **joy** | [dʒɔi] 조이 | 기쁨 |

joy

| **judge** | [dʒʌdʒ] 져쥐 | 재판관, 판사 |
| judge | | |

| **juice** | [dʒuːs] 쥬-스 | 주스 |
| juice | | |

| **July** | [dʒuːlái] 쥬-울라이 | 7월 |
| July | | |

| **jump** | [dʒʌmp] 점프 | 뛰어오르다, 깡총 뛰다 |
| jump | | |

| **jump rope** | [dʒʌmp roup] 점프 로우프 | 줄넘기를 하다 |
| jump rope | | |

| **June** | [dʒuːn] 쥬-운 | 6월 |
| June | | |

| **jungle** | [dʒʌ́ŋgl] 정글 | 정글, 밀림 |
| jungle | | |

junior

[dʒúːnjər] 쥬우니어　　손아래의

junior

just

[dʒʌst] 줘스트　　방금, 바로

just

| **amethyst** | [ǽməθist] 애머씨스트 | 자수정 |

amethyst

| **diamond** | [dáiəmənd] 다이어먼드 | 다이아몬드 |

diamond

| **emerald** | [émərəld] 에머럴드 | 에메랄드 |

emerald

| **garnet** | [gá:rnit] 가-닛 | 석류석 |

garnet

| **jade** | [dʒeid] 줴읻 | 비취, 옥 |

jade

| **opal** | [óupəl] 오우펄 | 오팔, 단백석 |

opal

pearl

[pəːrl] 퍼얼   진주

pearl

ruby

[rúːbi] 루-비   루비

ruby

sapphire

[sǽfaiər] 새파이어   사파이어

sapphire

topaz

[tóupæz] 토우패즈   황옥

topaz

carpenter
[káːrpəntər] 카-펀터　　목수

carpenter

cook
[kuk] 쿡　　요리사

cook

doctor
[dáktər] 닥터　　의사

doctor

dentist
[déntist] 텐티스트　　치과의사

dentist

driver
[dráivər] 드라이버　　운전사

driver

fireman
[faiərmən] 파이어먼　　소방관

fireman

| **nurse** | [nə:rs] 너-스 | 간호사 |

nurse

| **policeman** | [pəlíːsmən] 펄리-스먼 | 경찰관 |

policeman

| **teacher** | [tíːtʃər] 티-춰 | 선생, 교사 |

teacher

| **lawyer** | [lɔ́ːjər] 로-여 | 변호사 |

lawyer

| **judge** | [dʒʌdʒ] 져쥐 | 판사 |

judge

| **kangaroo** | [kǽŋgərúː] 캥거루- | 캥거루 |
| kangaroo | | |

| **keep** | [kiːp] 키-입 | 계속하다, 간직하다 |
| keep | | |

| **kept** | [kept] 켑트 | keep(간직하다)의 과거형 |
| kept | | |

| **key** | [kiː] 키- | 열쇠 |
| key | | |

| **kick** | [kik] 킥 | 차다 |
| kick | | |

| **kid** | [kid] 킷 | 아이 |
| kid | | |

| **kill** | [kil] 킬 | 죽이다 |

kill

| **kilometer** | [kilámətər] 킬라미터 | 킬로미터 |

kilometer

| **kind** [1] | [kaind] 카인드 | 친절한 |

kind

| **kind** [2] | [kaind] 카인드 | 종류 |

kind

| **kinds of** | [kainds əv] 카인즈 업 | 종류의 |

kinds of

| **kindergarten** | [kíndərgàːrtn] 킨더가-튼 | 유치원 |

kindergarten

| **king** | [kiŋ] 킹 | 왕 |

king

kiss

[kis] 키스　　키스, 입맞춤

kiss

kitchen

[kítʃən] 키췬　　부엌

kitchen

kite

[kait] 카이트　　연

kite

kitty

[kíti] 키티　　새끼 고양이

kitty

kiwi

[kí:wi] 키-위　　키위

kiwi

knee

[ni:] 니-　　무릎

knee

knew

[nju:] 뉴-　　know(알다)의 과거형

knew

knife

[naif] 나이프   칼

knife

knit

[nit] 닡   뜨다, 짜다

knit

knock

[nak] 낙   두드리다

knock

know

[nou] 노우   알다

know

koala

[kouá:lə] 코우아-알러   코알라

koala

Korea

[kərí:ə] 커리-어   한국

Korea

Korean

[kərí:ən] 커리-언   한국인, 한국어

Korean

lady
[léidi] 레이디   숙녀

lady

ladybug
[léidibʌg] 레이디벅   무당벌레

ladybug

lake
[leik] 레이크   호수

lake

lamp
[læmp] 램프   등불, 램프

lamp

land
[lænd] 랜드   땅, 육지

land

language
[læŋgwidʒ] 랭귀쥐   말, 언어

language

| **large** | [lɑːrdʒ] 라-쥐 | 큰, 넓은 |

large

| **last** | [læst] 래스트 | 맨 마지막의 |

last

| **late** | [leit] 레이트 | 늦은 |

late

| **later** | [léitəːr] 레이터 | 뒤에, 나중에 |

later

| **laugh** | [læf] 래프 | 웃다 |

laugh

| **law** | [lɔː] 로- | 법, 법률 |

law

| **lay** | [lei] 레이 | 놓다(laid:lay의 과거형) |

lay

| **lazy** | [léizi]] 레이지 | 게으른 |

lazy

| **lead** | [li:d] 리-드 | 이끌다(led:lead의 과거형) |

lead

| **leader** | [líːdər] 리-더- | 지도자 |

leader

| **leaf** | [liːf] 리-프 | 잎, 나뭇잎 |

leaf

| **learn** | [ləːrn] 러-언 | 배우다 |

learn

| **leave** | [liːv] 리-브 | 떠나다 |

leave

| **left** [1] | [left] 레프트 | 왼쪽의 |

left

| **left** [2] | [left] 레프트 | leave(남겨 두다)의 과거형 |

left

| **leg** | [leg] 렉 | 다리 |

leg

| **lemon** | [lémən] 레먼 | 레몬 |

lemon

| **lend** | [lend] 렌드 | 빌려주다 |

lend

| **lesson** | [lésn] 레슨 | 수업, 학과 |

lesson

| **let** | [let] 렛 | ～하게 하다 |

let

| **let's** | [lets] 레츠 | ～하자 |

let's

| **letter** | [létər] 레터- | 편지 |

letter

| **library** | [láibrèri] 라이브레리 | 도서관 |

library

| **lie** | [lai] 라이 | 거짓말 |

lie

| **life** | [laif] 라이프 | 생명, 생물, 생활 |

life

| **lift** | [lift] 리프트 | 들어 올리다 |

lift

| **light** 1 | [lait] 라이트 | 빛 |

light

| **light** 2 | [lait] 라이트 | 가벼운 |

light

| **lightning** | [láitniŋ] 라이트닝 | 번개 |

lightning

| **like** | [laik] 라이크 | 좋아하다 |

like

| **lily** | [líli] 릴리 | 나리, 백합(꽃) |

lily

| **line** | [lain] 라인 | 선, 줄 |

line

| **line up** | [lain ʌp] 라인엎 | 줄을 서다 |

line up

| **lion** | [láiən] 라이언 | 사자 |

lion

| **lip** | [lip] 립 | 입술 |

lip

| **listen** | [lísn] 리선 | 듣다 |
| | listen | |

| **listen to** | [lísn tu] 리슨 투 | 귀를 기울여 듣다 |
| | listen to | |

| **little** | [lítl] 리틀 | 작은, 조금 |
| | little | |

| **live** | [liv] 리브 | 살다 |
| | live | |

| **living room** | [líviŋ rum] 리빙 룸 | 거실 |
| | living room | |

| **lonely** | [lóunli] 로운리 | 외로운 |
| | lonely | |

| **long** | [lɔːŋ] 로-옹 | 긴. 먼 |
| | long | |

| **look** | [luk] 룩 | 보다 |

look

| **look out** | [luk aut] 룩 아웃 | 밖을 보다 |

look out

| **look like** | [luklaik] 룩 라익 | ~처럼 보이다 |

look like

| **look for** | [luk fɔːr] 룩포- | ~을 찾다 |

look for

| **lose** | [luːz] 루-즈 | 잃다 |

lose

| **lost** | [lɔ(ː)st] 로-스트 | lose(잃다)의 과거형 |

lost

| **a lot of** | [ə lat əv] 어랏업 | 많은 |

a lot of

| **lots of** | [lats əv] 라츠업 | 많은 |

lots of

| **loud** | [laud] 라우드 | 시끄러운, 소란스러운 |

loud

| **love** | [lʌv] 러브 | 사랑(하다) |

love

| **lovely** | [lʌ́vli] 러블리 | 사랑스러운 |

lovely

| **low** | [lou] 로우 | 낮은 |

low

| **luck** | [lʌk] 럭 | 행운 |

luck

| **lucky** | [lʌ́ki] 러키 | 행운의 |

lucky

lunch

[lʌntʃ] 런취 　　점심

lunch

lunch box

[lʌntʃ baks] 런취 박스 　　도시락

lunch box

153

| **ma'am** | [mæ(:)m] 맴 | 마님, 아주머니 |

ma'am

| **machine** | [məʃíːn] 머쉬-인 | 기계 |

machine

| **mad** | [mæd] 맷 | 미친, 화난 |

mad

| **made** | [meid] 메이드 | make(만들다)의 과거 |

made

| **magazine** | [mæ̀gəzíːn] 매거지인 | 잡지 |

magazine

| **magic** | [mǽdʒik] 매쥑 | 마법, 요술 |

magic

| **mail** | [meil] 메일 | 우편물 |

mail

| **make** | [meik] 메이크 | 만들다 |

make

| **man** | [mæn] 맨 | 남자, 인간 |

man

| **manner** | [mǽnər] 매너- | 방법, 예절 |

manner

| **many** | [méni] 메니 | 많은(셀 수 있는 명사) |

many

| **map** | [mæp] 맵 | 지도 |

map

| **marathon** | [mǽrəθàn] 매러싼 | 마라톤(경주) |

marathon

March	[mɑːrtʃ] 마-취	3월
March		
march	[mɑːrtʃ] 마-취	행진하다
march		
mark	[mɑːrk] 마-크	표, 기호
mark		
market	[máːrkit] 마-킷	시장
market		
marry	[mǽri] 매리	결혼하다
marry		
mask	[mæsk] 매스크	탈, 복면
mask		
match	[mætʃ] 매취	성냥, 시합
match		

| **math** | [mæθ] 매쓰 | 수학 |

math

| **matter** | [mǽtər] 매터 | 문제, 일 |

matter

| **May** | [mei] 메이 | 5월 |

May

| **may** | [mei] 메이 | ~할(일)지도 모르다 |

may

| **maybe** | [méibi] 메이비 | 어쩌면, 아마 |

maybe

| **me** | [mi:] 미- | 나를(에게) |

me

| **meal** | [mi:l] 미-일 | 식사 |

meal

mean	[miːn] 미-인	의미하다, ~의 뜻이다

mean

measure	[méʒər] 메저	~의 치수를 재다

measure

meat	[miːt] 미-트	고기

meat

medicine	[médəsin] 메더선	약

medicine

meet	[miːt] 미-트	만나다

meet

melon	[mélən] 멜런	멜론

melon

member	[mémbər] 멤버	일원, 회원

member

| **memory** | [méməri] 메머리 | 기억(력) |

memory

| **men** | [men] 멘 | man(남자)의 복수 |

men

| **merchant** | [mə́ːrtʃənt] 머-춴트 | 상인 |

merchant

| **merry** | [méri] 메리 | 명랑한, 즐거운 |

merry

| **message** | [mésidʒ] 메시쥐 | 메시지, 소식 |

message

| **met** | [met] 멧 | meet(만나다)의 과거 |

met

| **middle** | [mídl] 미들 | 중앙, 한 가운데 |

middle

| **milk** | [milk] 밀크 | 우유 |

milk

| **million** | [míljən] 밀리언 | 백만 |

million

| **mind** | [maind] 마인드 | 마음, 정신 |

mind

| **mine** | [main] 마인 | 나의 것 |

mine

| **minute** | [mínit] 미닛 | (시간의)분 |

minute

| **mirror** | [mírər] 미러 | 거울 |

mirror

| **Miss** | [mis] 미스 | ～양(아가씨) |

Miss

miss	[mis] 미스	놓치다
miss		

mistake	[mistéik] 미스테이크	잘못
mistake		

mitten	[mítn] 미튼	벙어리장갑
mitten		

mix	[miks] 믹스	섞다, 섞이다
mix		

model	[mádl] 마들	모델, 본보기
model		

mom	[mam]] 맘	엄마
mom		

moment	[móumənt] 모우먼트	순간
moment		

| **Monday** | [mʌ́ndi] 먼디 | 월요일 |

Monday

| **money** | [mʌ́ni] 머니 | 돈 |

money

| **monkey** | [mʌ́ŋki] 멍키 | 원숭이 |

monkey

| **monster** | [mánstər] 만스터 | 괴물 |

monster

| **month** | [mʌnθ] 먼쓰 | 달, 월 |

month

| **moon** | [muːn] 무-운 | 달, 천체 |

moon

| **more** | [mɔːr] 모- | 더 많은, 더 큰 |

more

| **morning** | [mɔ́:rniŋ] 모-닝 | 아침, 오전. |

morning

| **mother** | [mʌ́ðər] 머더- | 어머니 |

mother

| **mountain** | [máuntən] 마운트-언 | 산 |

mountain

| **mouse** | [maus] 마우스 | 생쥐 |

mouse

| **mouth** | [mauθ] 마우쓰 | 입 |

mouth

| **move** | [mu:v] 무-브 | 움직이다 |

move

| **movie** | [mú:vi] 무-비 | 영화 |

movie

| **Mr.** | [místər] 미스터- | ~씨, ~님(남자의 경칭) |

Mr.

| **Mrs.** | [mísiz] 미시즈 | ~부인, ~여사 |

Mrs.

| **Ms.** | [miz] 미즈 | ~씨, ~선생님(여성의 경칭) |

Ms.

| **much** | [mʌtʃ] 머취 | 많은(셀 수 없는 명사) |

much

| **mud** | [mʌd] 머드 | 진흙 |

mud

| **museum** | [mjuːzíːəm] 뮤-지-엄 | 박물관 |

museum

| **music** | [mjúːzik] 뮤-직 | 음악 |

music

| **musical** | [mjúːzikəl] 뮤-지컬 | 뮤지컬, 음악극 |

musical

| **must** | [mʌst] 머스트 | ～해야 한다 |

must

| **my** | [mai] 마이 | 나의, 내 |

my

| **myself** | [maisélf] 마이셀프 | 나 자신(강조) |

myself

January
[dʒǽnjuəri] 재뉴어리   1월

January

February
[fébruəri] 펩루어리   2월

February

March
[mɑːrtʃ] 마-취   3월

March

April
[éiprəl] 에이프럴   4월

April

May
[mei] 메이   5월

May

June
[dʒuːn] 쥬운   6월

June

July

[dʒuːlái] 쥬울라이   7월

July

August

[ɔ́ːgəst] 오-거스트   8월

August

September

[septémbər] 셉템버   9월

September

October

[aktóubər] 악토우버   10월

October

November

[nouvémbər] 노우벰버   11월

November

December

[disémbər] 디셈버   12월

December

Nn

name	[neim] 네임	이름

name

narrow	[nǽrou] 내로우	(폭이) 좁은

narrow

nation	[néiʃən] 네이션	국민, 국가

nation

near	[niər] 니어	가까이

near

neck	[nek] 넥	목

neck

need	[niːd] 니-드	필요하다

need

| **neighbor** | [néibər] 네이버 | 이웃(사람) |

neighbor

| **nest** | [nest] 네스트 | 둥지, 보금자리 |

nest

| **never** | [névər] 네버- | 결코(조금도) ～하지 않다 |

never

| **new** | [njuː] 뉴- | 새로운 |

new

| **news** | [njuːz] 뉴-즈 | 뉴스, 보도, 소식 |

news

| **newspaper** | [njúːzpèipər] 뉴-즈페이퍼- | 신문(지) |

newspaper

| **next** | [nekst] 넥스트 | 다음의 |

next

| **next to** | [nekst tu] 넥슷 투 | ～옆에 |

next to

| **nice** | [nais] 나이스 | 좋은, 친절한 |

nice

| **night** | [nait] 나이트 | 밤 |

night

| **nine** | [nain] 나인 | 9, 아홉 |

nine

| **nineteen** | [nàintíːn] 나인티-인 | 19, 열아홉 |

nineteen

| **ninety** | [náinti] 나인티 | 90, 아흔 |

ninety

| **ninth** | [nainθ] 나인쓰 | 아홉째의 |

ninth

| **no** | [nou] 노우 | 아니(yes의 반대), 없는 |

no

| **nobody** | [nóubàdi] 노우바디 | 아무도 ~않다(없다) |

nobody

| **noise** | [nɔiz] 노이즈 | 시끄러운 소리 |

noise

| **noodles** | [núːdlz] 누-들즈 | 국수 |

noodles

| **noon** | [nuːn] 누-운 | 정오 |

noon

| **north** | [nɔːrθ] 노-쓰 | 북(쪽), 북부 |

north

| **nose** | [nouz] 노즈 | 코 |

nose

| **not** | [nat] 낫 | ~아니다, 않다 |

not

| **notebook** | [nóutbùk] 노우트북 | 노트, 공책 |

notebook

| **nothing** | [nʌθiŋ] 너씽 | 아무 것[일]도 ~ 없음 |

nothing

| **November** | [nouvémbər] 노우벰버- | 11월 |

November

| **now** | [nau] 나우 | 지금, 현재 |

now

| **number** | [nʌmbər] 넘버- | 수, 숫자, 번호 |

number

| **nurse** | [nə:rs] 너-스 | 간호사 |

nurse

ocean	[óuʃən] 오우션	대양, 해양

ocean

o'clock	[əklák] 어클락	～시

o'clock

October	[aktóubər] 악토우버	10월

October

of	[əv] 어브	～의, ～중의

of

off	[ɔf] 오프	떨어져, 멀리

off

office	[ɔ́(:)fis] 오피스	사무실

office

often

[áftən] 아프턴 · 자주, 종종

often

oil

[ɔil] 오일 · 기름

oil

okay

[òukéi] 오우케이 · (=OK) 좋은, 괜찮은

okay

old

[ould] 오울드 · 나이 먹은, 낡은

old

on

[an] 안 · ~위에

on

once

[wʌns] 원스 · 한 번, 이전에

once

one

[wʌn] 원 · 1, 하나

one

| **only** | [óunli] 오운리 | 오직, 단지 |

only

| **open** | [óupən] 오우펀 | 열다 |

open

| **or** | [ɔːr] 오- | 혹은, ~이나 |

or

| **orange** | [ɔ́(ː)rindʒ] 오린쥐 | 오렌지 |

orange

| **orange juice** | [ɔ́(ː)rindʒ dʒuːs] 오(-)린쥐 쥬스 | 오렌지 주스 |

orange juice

| **order** | [ɔ́ːrdər] 오-더 | 명령하다 |

order

| **organ** | [ɔ́ːrgən] 오-건 | 오르간 |

organ

other	[ʌ́ðər] 어더	다른, 그 밖의

other

our	[auər] 아워	우리의

our

ours	[auərz] 아워즈	우리의 것

ours

out	[aut] 아우트	밖에, 밖으로

out

out of	[aut əv] 아웃 엎	~의 밖에서

out of

outside	[áutsáid] 아웃사이드	바깥쪽, 외면

outside

over	[óuvər] 오우버	~위에(로)

over

own

[oun] 오운　　자기 자신의

own

| package | [pǽkidʒ] 패키쥐 | 짐, 소포 |

package

| page | [péidʒ] 페이쥐 | 페이지, 쪽 |

page

| paint | [peint] 페인트 | 페인트, 그림물감 |

paint

| paintbrush | [péintbrʌʃ] 페인트브러쉬 | 그림붓 |

paintbrush

| pair | [pɛər] 페어 | 한 쌍, 한 벌 |

pair

| pajamas | [pədʒáːməz] 퍼쟈머즈 | 파자마, 잠옷 |

pajamas

| **palace** | [pǽlis] 팰리스 | 궁전 |

palace

| **panda** | [pǽndə] 팬더 | 판다(곰) |

panda

| **pants** | [pænts] 팬츠 | 바지 |

pants

| **paper** | [péipər] 페이퍼 | 종이 |

paper

| **parent** | [péərənt] 페어런트 | 부모 |

parent

| **park** | [pɑːrk] 파-크 | 공원 |

park

| **part** | [pɑːrt] 파-트 | 일부, 부분 |

part

| **party** | [pá:rti] 파-티 | 파티, 모임 |

party

| **pass** | [pæs] 패스 | 지나가다, 합격하다 |

pass

| **past** | [pæst] 패스트 | 과거 |

past

| **path** | [pæθ] 패쓰 | (작은) 길 |

path

| **pay** | [pei] 페이 | 지불하다 |

pay

| **P. E.** | [pi:i:] 피-이- | 체육(=Physical education) |

P. E.

| **peace** | [pi:s] 피-스 | 평화 |

peace

| **peanut** | [píːnʌt] 피-넛 | 땅콩 |

peanut

| **pear** | [pɛər] 페어 | 배 |

pear

| **pen** | [pen] 펜 | 펜 |

pen

| **pencil** | [pénsəl] 펜설 | 연필 |

pencil

| **pencil case** | [pénsəl keis] 펜설케이스 | 필통 |

pencil case

| **penguin** | [péŋgwin] 펭귄 | 펭귄 |

penguin

| **people** | [píːpl] 피-플 | 사람들, 국민 |

people

| **perfect** | [pə́:rfikt] 퍼-픽트 | 완전한 |

perfect

| **perhaps** | [pərhǽps] 퍼햅스 | 아마(도), 어쩌면 |

perhaps

| **person** | [pə́:rsn] 퍼-선 | 사람 |

person

| **pet** | [pet] 펫 | 애완동물 |

pet

| **phone** | [foun] 포운 | 전화(기) |

phone

| **photo** | [fóutou] 포우토우 | 사진 |

photo

| **piano** | [piǽnou] 피애노우 | 피아노 |

piano

| **pianist** | [piǽnist] 피애니스트 | 피아니스트 |
| *pianist* | | |

| **pick** | [pik] 픽 | 따다, 골라잡다 |
| *pick* | | |

| **pick up** | [pik ʌp] 픽엎 | 줍다, 잡다 |
| *pick up* | | |

| **picnic** | [píknik] 피크닉 | 소풍 |
| *picnic* | | |

| **picture** | [píktʃər] 픽춰 | 그림 |
| *picture* | | |

| **pie** | [pai] 파이 | 파이 |
| *pie* | | |

| **piece** | [pi:s] 피-스 | 조각 |
| *piece* | | |

| **pig** | [pig] 피그 | 돼지 |

pig

| **pillow** | [pílou] 필로우 | 베개 |

pillow

| **pilot** | [páilət] 파일럿 | (비행기)조종사 |

pilot

| **pin** | [pin] 핀 | 핀, 못, 바늘 |

pin

| **pineapple** | [páinæpl] 파인애플 | 파인애플 |

pineapple

| **ping-pong** | [píŋpàŋ] 핑팡 | 탁구 |

ping-pong

| **pink** | [piŋk] 핑크 | 연분홍색 |

pink

| **pizza** | [píːtsə] 피-쩌 | 피자 |

pizza

| **place** | [pleis] 플레이스 | 장소 |

place

| **plain** | [plein] 플레인 | 분명한, 쉬운 |

plain

| **plan** | [plæn] 플랜 | 계획 |

plan

| **plane** | [plein] 플레인 | 비행기(=airplane) |

plane

| **by plane** | [bai plein] 바이 플레인 | 비행기를 타고 |

by plane

| **plant** | [plænt] 플랜트 | 식물 |

plant

| **plastic** | [plǽstik] 플래스틱 | 플라스틱의, 비닐로 된 |

plastic

| **play** | [plei] 플레이 | 놀다, 연주하다 |

play

| **playground** | [pléigràund] 플레이그라운드 | 운동장, 놀이터 |

playground

| **player** | [pléiər] 플레이어 | 연주자, 운동선수 |

player

| **please** | [pli:z] 플리-즈 | 제발, 부디 |

please

| **plenty** | [plénti] 플렌티 | 많은, 충분한 |

plenty

| **pocket** | [pákit] 파킷 | 호주머니 |

pocket

| **poem** | [póuim] 포우임 | 시 |
| poem | | |

| **point** | [pɔint] 포인트 | 점수, 득점 |
| point | | |

| **police** | [pəlíːs] 펄리-스 | 경찰 |
| police | | |

| **police officer** | [pəlíːs ɔ́(ː)fisər] 필리-스 오-피서 | 경찰관 |
| police officer | | |

| **police station** | [pəlíːs stéiʃən] 필리-스 스테이션 | 경찰서 |
| police station | | |

| **polite** | [pəláit] 펄라잇 | 예의 바른, 공손한 |
| polite | | |

| **pond** | [pɔnd] 폰드 | 연못 |
| pond | | |

| **pool** | [pu:l] 푸-울 | 수영장, 물웅덩이 |

pool

| **poor** | [puər] 푸어 | 가난한 |

poor

| **popular** | [pápjulər] 파퓰러 | 인기 있는 |

popular

| **possible** | [pásəbl] 파서벌 | 가능한 |

possible

| **post-office** | [póustɔ̀(:)fis] 포우스트-오피스 | 우체국 |

post-office

| **potato** | [pətéitou] 퍼테이토우 | 감자 |

potato

| **power** | [páuər] 파우어 | 힘 |

power

| **practice** | [prǽktis] 프랙티스 | 연습 |

practice

| **prepare** | [pripέər] 프리페어 | 준비하다 |

prepare

| **present** | [prézənt] 프레젠트 | 선물 |

present

| **price** | [prais] 프라이스 | 가격, 값 |

price

| **prince** | [prins] 프린스 | 왕자 |

prince

| **princess** | [prínsis] 프린시스 | 공주 |

princess

| **prize** | [praiz] 프라이즈 | 상 |

prize

| **problem** | [prábləm] 프라블럼 | 문제 |

problem

| **promise** | [prámis] 프라미스 | 약속 |

promise

| **proud** | [praud] 프라우드 | 자랑으로 여기는 |

proud

| **pull** | [pul] 풀 | 끌다, 당기다 |

pull

| **pumpkin** | [pʌ́mpkin] 펌프킨 | 호박 |

pumpkin

| **pupil** | [pjúːpəl] 퓨-펄 | 학생 |

pupil

| **puppy** | [pʌ́pi] 퍼피 | 강아지 |

puppy

| **purple** | [pə́ːrpl] 퍼-플 | 자줏빛 |

purple

| **push** | [puʃ] 푸쉬 | 밀다, 밀어내다 |

push

| **put** | [put] 풋 | 놓다 |

put

| **put on** | [put ɔn] 풋온 | 입다, 쓰다 |

put on

| **puzzle** | [pʌ́zl] 퍼즐 | 수수께끼 |

puzzle

Qq

| **quarter** | [kwɔ́:rtər] 쿼-터 | 4분의 1, 15분 |

quarter

| **queen** | [kwi:n] 퀴-인 | 여왕 |

queen

| **question** | [kwéstʃən] 퀘스쳔 | 질문 |

question

| **quick** | [kwik] 퀵 | 빠른 |

quick

| **quickly** | [kwíkli] 퀴클리 | 빠르게, 빨리 |

quickly

| **quiet** | [kwáiət] 콰이엇 | 조용한 |

quiet

quite

[kwait] 콰이트

사실상, 아주, 완전히

quite

Rr

rabbit	[rǽbit] 래빗	토끼
rabbit		
race	[reis] 레이스	경주
race		
racket	[rǽkit] 래킷	라켓, 채
racket		
radio	[réidiòu] 레이디오우	라디오
radio		
railroad	[réilròud] 레일로우드	철도
railroad		
rain	[rein] 레인	비
rain		

| **rainbow** | [réinbòu] 레인보우 | 무지개 |

rainbow

| **rainy** | [réini] 레이니 | 비오는 |

rainy

| **raise** | [reiz] 레이즈 | 들어 올리다 |

raise

| **ran** | [ræn] 랜 | run(달리다)의 과거형 |

ran

| **reach** | [riːtʃ] 리-취 | 도착하다 |

reach

| **read** | [riːd] 리-드 | 읽다 |

read

| **ready** | [rédi] 레디 | 준비가 된 |

ready

| **real** | [ríːəl] 리-얼 | 진짜의 |

real

| **really** | [ríːəli] 리-얼리 | 정말로 |

really

| **reason** | [ríːzn] 리-전 | 이유 |

reason

| **record** | [rikɔːrd] 레커-드 | 기록하다 |

record

| **recorder** | [rikɔ́ːrdər] 리코-더 | 피리 |

recorder

| **recycle** | [riːsáikl] 리-사이클 | 재활용하다 |

recycle

| **red** | [red] 레드 | 빨간 |

red

| **remember** | [rimémbər] 리멤버- | 기억하다 |

remember

| **repeat** | [ripíːt] 리피-트 | 되풀이하다, 반복하다 |

repeat

| **report** | [ripɔ́ːrt] 리포-트 | 보고, 보고서 |

report

| **reporter** | [ripɔ́ːrtər] 리포-터 | 보도기자 |

reporter

| **rest** | [rest] 레스트 | 휴식 |

rest

| **restaurant** | [réstərənt] 레스터런트 | 식당 |

restaurant

| **return** | [ritə́ːrn] 리터-언 | 돌아가다, 되돌아오다 |

return

| **ribbon** | [ríbən] 리번 | 리본, 띠 |

ribbon

| **rice** | [rais] 라이스 | 쌀, 밥 |

rice

| **rich** | [ritʃ] 리취 | 부자의, 부유한 |

rich

| **ride** | [raid] 라이드 | 타다 |

ride

| **right** | [rait] 라이트 | 옳은, 오른쪽의 |

right

| **ring** | [riŋ] 링 | 고리, 반지 |

ring

| **rise** | [raiz] 라이즈 | 일어나다, (해, 달)떠오르다 |

rise

| **river** | [rívər] 리버- | 강 |

river

| **road** | [roud] 로우드 | 길, 도로 |

road

| **robot** | [róubət] 로우벗 | 로봇 |

robot

| **rock** | [rak] 락 | 바위, 돌 |

rock

| **rocket** | [rákit] 라킷 | 로켓 |

rocket

| **rode** | [roud] 로우드 | ride(타다)의 과거형 |

rode

| **roll** | [roul] 로울 | 구르다 |

roll

| **roof** | [ru:f] 루-프 | 지붕 |

roof

| **room** | [ru:m] 루-움 | 방 |

room

| **rope** | [roup] 로우프 | 밧줄 |

rope

| **rose** | [rouz] 로우즈 | 장미 |

rose

| **round** | [raund] 라운드 | 둥근 |

round

| **ruler** | [rú:lər] 루-울러- | 자 |

ruler

| **run** | [rʌn] 런 | 달리다, 뛰다 |

run

runny nose

[rʌ́ni nouz] 러니 노우즈　　콧물

runny nose

Ss

sad	[sæd] 샛	슬픈

sad

safe	[seif] 세이프	안전한

safe

said	[sed] 세드	say(말하다)의 과거형

said

sail	[seil] 세일	항해하다

sail

salad	[sǽləd] 샐러드	샐러드, 생채요리

salad

salt	[sɔːlt] 소-올트	소금

salt

salty

[sɔ́:lti] 소울티　　짠

salty

same

[seim] 세임　　같은

same

sand

[sænd]] 샌드　　모래

sand

sandals

[sǽndlz] 샌들즈　　샌들

sandals

sandwich

[sǽndwitʃ] 샌드위취　　샌드위치

sandwich

sang

[sæŋ] 생　　sing(노래하다)의 과거형

sang

Santa Claus

[sǽntəklɔ̀s] 샌터클로스　　산타클로스

Santa Claus

| **sat** | [sæt] 샛 | sit(앉다)의 과거 |

sat

| **Saturday** | [sǽtərdi] 새터-디 | 토요일 |

Saturday

| **save** | [seiv] 세이브 | 구하다, 저축하다 |

save

| **saw** | [sɔ:] 소- | see(보다)의 과거 |

saw

| **say** | [sei] 세이 | 말하다 |

say

| **scared** | [skɛərd] 스케어드 | 겁먹은, 무서워하는 |

scared

| **scarf** | [ska:rf] 스카-프 | 스카프, 목도리 |

scarf

| **scary** | [skέəri] 스케어리 | 무서운 |

scary

| **school** | [sku:l] 스쿠-울 | 학교 |

school

| **science** | [sáiəns] 사이언스 | 과학 |

science

| **scientist** | [sáiəntist] 사이언티스트 | 과학자 |

scientist

| **scissors** | [sízərz] 시저즈 | 가위 |

scissors

| **sea** | [si:] 시- | 바다 |

sea

| **seafood** | [si:fu:d] 시-푸-드 | 해산물 |

seafood

season	[síːzn] 시-전	계절
season		

seat	[siːt] 시-트	자리, 자석
seat		

second	[sékənd] 세커-언드	제2의, 둘째 번의
second		

secret	[síːkrit] 시-크릿	비밀
secret		

see	[siː] 시-	보다
see		

seed	[siːd] 시-드	씨, 씨앗
seed		

seesaw	[síːsɔ̀ː] 시-소-	시소(놀이)
seesaw		

| **sell** | [sel] 셀 | 팔다 |

sell

| **send** | [send] 센드 | 보내다 |

send

| **sent** | [sent] 센트 | send(보내다)의 과거형 |

sent

| **sentence** | [séntəns] 센턴스 | 문장 |

sentence

| **September** | [septémbər] 섭템버 | 9월 |

September

| **serve** | [sə:rv] 서-브 | 섬기다, 시중들다 |

serve

| **service** | [sə́:rvis] 서-비스 | 봉사, (교통)편 |

service

| **set** | [set] 셋 | 놓다, ~하게 하다 |

set

| **seven** | [sévən] 세븐 | 7, 일곱(의) |

seven

| **seventeen** | [sèvəntíːn] 세븐티-인 | 열 일곱, 17 |

seventeen

| **seventy** | [sévənti] 세븐티 | 70, 일흔 |

seventy

| **several** | [sévərəl] 세버럴 | 몇몇의 |

several

| **shall** | [ʃæl] 쉘 | ~일(할) 것이다 |

shall

| **shape** | [ʃeip] 쉐이프 | 모양 |

shape

share	[ʃɛəːr] 쉐어	몫
share		

sharpener	[ʃáːrpənər] 샤-퍼너	연필깎이
sharpener		

she	[ʃiː] 쉬-	그녀, 그 여자
she		

sheep	[ʃiːp] 쉬-입	양
sheep		

shine	[ʃain] 샤인	빛나다, 반짝이다
shine		

ship	[ʃip] 쉽	배
ship		

by ship	[bai ʃip] 바이 쉽	배를 타고
by ship		

| **shirt** | [ʃəːrt] 셔-트 | 셔츠 |

shirt

| **shock** | [ʃak] 샥 | ~에 충격을 주다 |

shock

| **shoe** | [ʃuː] 슈- | 신, 구두 |

shoe

| **shoot** | [ʃuːt] 슈-트 | 쏘다 |

shoot

| **shop** | [ʃap] 샵 | 가게, 상점 |

shop

| **shopping** | [ʃápiŋ] 샤핑 | 쇼핑, 물건 사기 |

shopping

| **short** | [ʃɔːrt] 쇼-트 | 짧은 |

short

| **should** | [ʃud] 슈드 | ~해야 한다 |

should

| **shoulder** | [ʃóuldər] 쇼울더- | 어깨 |

shoulder

| **shout** | [ʃaut] 샤우트 | 외치다, 큰 소리로 부르다 |

shout

| **show** | [ʃou] 쇼우 | 보이다, 나타나다 |

show

| **shower** | [ʃáuər] 샤우어- | 소나기 |

shower

| **take a shower** | [teik ə ʃáuər] 테익 어 샤워 | 샤워를 하다 |

take a shower

| **shut** | [ʃʌt] 셧 | 닫다 |

shut

| **sick** | [sik] 식 | 아픈, 병에 걸린 |

sick

| **side** | [said] 사이드 | 쪽, 옆 부분 |

side

| **sign** | [sain] 사인 | 사인(서명)하다 |

sign

| **silver** | [sílvər] 실버- | 은, 은화 |

silver

| **sing** | [siŋ] 싱 | 노래하다 |

sing

| **singer** | [síŋər] 싱어 | 가수 |

singer

| **single** | [síŋgl] 싱글 | 단 하나의, 혼자의 |

single

| **sink** | [siŋk] 싱크 | 싱크대, 개수대 |

sink

| **sir** | [sə:r] 서- | (호칭) 님, 선생(님) |

sir

| **sister** | [sístər] 시스터- | 여자 형제 |

sister

| **sit** | [sit] 싯 | 앉다 |

sit

| **six** | [siks] 식스 | 6, 여섯 |

six

| **sixteen** | [sìkstí:n] 식스티-인 | 16, 열여섯 |

sixteen

| **sixty** | [síksti] 식스티 | 60, 예순 |

sixty

size [saiz] 사이즈 크기

size

skate [skeit] 스케이트 스케이트를 타다

skate

ski [ski:] 스키- 스키를 타다

ski

skirt [skə:rt] 스커-트 치마

skirt

sky [skai] 스카이 하늘

sky

sleep [sli:p] 슬리-입 잠자다

sleep

sleepy [slí:pi] 슬리-피 졸음이 오는, 졸리는

sleepy

| **slippery** | [slípəri] 슬리퍼리 | 미끄러운 |

slippery

| **slow** | [slou] 슬로우 | 느린 |

slow

| **slowly** | [slóuli] 슬로울리 | 천천히, 느리게 |

slowly

| **small** | [smɔːl] 스모-올 | 작은 |

small

| **smart** | [smaːrt] 스마-트 | 똑똑한 |

smart

| **smell** | [smel] 스멜 | 냄새나다 |

smell

| **smile** | [smail] 스마일 | 미소 짓다 |

smile

| **smoke** | [smouk] 스모우크 | 연기 |

smoke

| **snack** | [snæk] 스낵 | 간식 |

snack

| **snail** | [sneil] 스네일 | 달팽이 |

snail

| **snake** | [sneik] 스네이크 | 뱀 |

snake

| **sneakers** | [sníːkərz] 스니-커즈 | 운동화 |

sneakers

| **snow** | [snou] 스노우 | 눈 |

snow

| **snowy** | [snóui] 스노위 | 눈 오는 |

snowy

| **so** | [sou] 소우 | 그렇게 |

so

| **soap** | [soup] 소웁 | 비누 |

soap

| **soccer** | [sákər] 사커- | 축구 |

soccer

| **social studies** | [sóuʃəl stʌ́diz] 소우셜 스터디즈 | 사회과(목) |

social studies

| **socks** | [saks] 삭스 | 양말 |

socks

| **sofa** | [sóufə] 소우퍼 | 소파, 긴 의자 |

sofa

| **soft** | [sɔ(ː)ft] 소프트 | 부드러운 |

soft

| **soldier** | [sóuldʒər] 소울줘- | 군인 |

soldier

| **some** | [sʌm] 섬 | 약간의, 어떤 |

some

| **somebody** | [sʌ́mbàdi] 섬버리 | 어떤 사람, 누군가 |

somebody

| **someday** | [sʌ́mdèi] 섬데이 | 언젠가(훗날에) |

someday

| **something** | [sʌ́mθiŋ] 섬씽 | 어떤 것, 무언가 |

something

| **sometimes** | [sʌ́mtàimz] 섬타임즈 | 때때로 |

sometimes

| **son** | [sʌn] 선 | 아들 |

son

song	[sɔ(:)ŋ] 송	노래
song		

soon	[suːn] 수-운	곧, 잠시 후
soon		

sore throat	[sɔːr erout] 소-쓰로웃	목 통증
sore throat		

sorry	[sɔ́ːri] 소-리	미안한, 유감스러운
sorry		

sound	[saund] 사운드	소리, 음
sound		

soup	[suːp] 수-프	수프
soup		

south	[sauɵ] 사우쓰	남쪽
south		

| **space** | [speis] 스페이스 | 우주 |

space

| **spaghetti** | [spəgéti] 스퍼게티 | 스파게티 |

spaghetti

| **speak** | [spi:k] 스피-크 | 말하다 |

speak

| **special** | [spéʃəl] 스페셜 | 특별한 |

special

| **speed** | [spi:d] 스피-드 | 속도, 속력 |

speed

| **spell** | [spel] 스펠 | ~의 철자를 말하다(쓰다) |

spell

| **spend** | [spend] 스펜드 | (돈)쓰다 |

spend

| **spicy** | [spáisi] 스파이시 | 매콤한 |

spicy

| **spider** | [spáidər] 스파이더 | 거미 |

spider

| **spoon** | [spu:n] 스푸-운 | 숟가락 |

spoon

| **spread** | [spred] 스프레드 | 펴다, 펼치다 |

spread

| **spring** | [spriŋ] 스프링 | 봄 |

spring

| **square** | [skwɛər] 스퀘어- | 정사각형 |

square

| **stair** | [stɛər] 스테어 | 계단 |

stair

| **stamp** | [stæmp] 스탬프 | 우표 |

stamp

| **stand** | [stænd] 스탠드 | 서 있다, 서다 |

stand

| **star** | [stɑːr] 스타- | 별 |

star

| **start** | [stɑːrt] 스타-트 | 출발하다 |

start

| **station** | [stéiʃən] 스테이션 | 역, 정거장 |

station

| **stay** | [stei] 스테이 | 머무르다 |

stay

| **stay up** | [stei ʌp] 스테이 엎 | 밤새우다 |

stay up

| **steal** | [sti:l] 스티-일 | 훔치다(stole:steal의 과거형) |

steal

| **step** | [step] 스텝 | 걸음, 계단 |

step

| **stick** | [stik] 스틱 | 막대기, 매 |

stick

| **still** | [stil] 스틸 | 아직(도), 여전히 |

still

| **stocking** | [stákiŋ] 스타킹 | 스타킹, 긴 양말 |

stocking

| **stomachache** | [stʌ́məkèik] 스터먹에익 | 위통, 복통 |

stomachache

| **stone** | [stoun] 스토운 | 돌 |

stone

stood	[stud] 스툿	stand(서 있다)의 과거형

stood

stop	[stap] 스탑	멈추다

stop

store	[stɔ:r] 스토-	가게

store

storm	[stɔ:rm] 스토-옴	폭풍(우)

storm

story	[stɔ́:ri] 스토-리	이야기

story

storybook	[stɔ́:ribuk] 스토-리북	이야기책

storybook

stove	[stouv] 스토우브	스토브, 난로

stove

| **straight** | [streit] 스트레이트 | 곧은, 곧장, 곱슬거리지 않는 |

straight

| **strange** | [streindʒ] 스트레인쥐 | 이상한 |

strange

| **strawberry** | [stróːbèri]] 스트로-베리 | 딸기, 양딸기 |

strawberry

| **street** | [striːt] 스트리-트 | 거리 |

street

| **strike** | [straik] 스트라이크 | 치다, 때리다 |

strike

| **strong** | [strɔ(ː)ŋ] 스트롱 | 강한 |

strong

| **student** | [stjúːdənt] 스튜-던트 | 학생 |

student

| **study** | [stʌ́di] 스터디 | 공부하다 |

study

| **subject** | [sʌ́bdʒikt] 섭쥑트 | 과목, 주제 |

subject

| **subway** | [sʌ́bwèi] 섭웨이 | 지하철 |

subway

| **subway station** | [sʌ́bwèi stéiʃən] 섭웨이 스테이션 | 지하철역 |

subway station

| **by subway** | [bai sʌ́bwèi] 바이 섭웨이 | 지하철을 타고 |

by subway

| **such** | [sʌtʃ] 서취 | 그러한, 그런 |

such

| **sugar** | [ʃúgər] 슈거 | 설탕 |

sugar

summer	[sʌ́mər] 서머	여름

summer

sun	[sʌn] 선	태양, 해

sun

sunny	[sʌ́ni] 서니	화창한

sunny

Sunday	[sʌ́ndi] 선디	일요일

Sunday

sunglasses	[sʌ́nglæ̀siz] 선글래시즈	선글라스

sunglasses

supermarket	[súːpərmàːrkit] 수-퍼마-킷	슈퍼마켓

supermarket

supper	[sʌ́pər] 서퍼	만찬, 저녁식사

supper

| **sure** | [ʃuər] 슈어 | 확신하고 있는, 틀림없는 |

sure

| **surprise** | [sərpráiz] 서프라이즈 | 놀라게 하다(놀라움 |

surprise

| **survey** | [sə́:rvei] 서-베이 | 조사 |

survey

| **swallow** | [swálou] 스왈로우 | 제비 |

swallow

| **sweater** | [swétər] 스웨터 | 스웨터 |

sweater

| **sweet** | [swi:t] 스위-트 | 달콤한 |

sweet

| **swim** | [swim] 스윔 | 수영하다 |

swim

swimming

[swímiŋ] 스위밍   수영

swimming

Switzerland

[swítsərlənd] 스위쩌런드   스위스

Switzerland

baseball
[béisbɔ̀ːl] 베이스보올   야구

baseball

boxing
[báksiŋ] 박싱   권투

boxing

basketball
[bǽskitbɔ̀ːl] 배스킷보올   농구

basketball

football
[fútbɔ̀ːl] 풋보올   미식축구

football

volleyball
[válibɔ̀ːl] 발리보올   배구

volleyball

tennis
[ténis] 테니스   테니스

tennis

| **soccer** | [sάkər] 사커 | 축구 |

soccer

| **skating** | [skéitiŋ] 스케이팅 | 스케이트(타기) |

skating

| **skiing** | [skíːiŋ] 스키잉 | 스키(타기) |

skiing

| **swimming** | [swímiŋ] 스위밍 | 수영 |

swimming

| **rugby** | [rʌ́gbi] 럭비 | 럭비 |

rugby

| **ping-pong** | [píŋpàŋ] 핑팡 | 탁구 |

ping-pong

table
[téibl] 테이벌   식탁

table

tail
[teil] 테일   꼬리

tail

take
[teik] 테이크   잡다

take

take care
[teik kɛər] 테잌 케어   몸조심하다

take care

take care of
[teik kɛər əv] 테잌 케어 업   ~를 돌보다

take care of

take off
[teik ɔf] 테잌 옾   ~을 벗다

take off

talk	[tɔːk] 토-크	말하다

talk

tall	[tɔːl] 토-올	키가 큰

tall

tape	[teip] 테이프	테이프, 납작한 끈

tape

taste	[teist] 테이스트	맛, 미각

taste

taxi	[tǽksi] 택시	택시

taxi

tea	[tiː] 티-	차

tea

teach	[tiːtʃ] 티-취	가르치다

teach

teacher	[tíːtʃər] 티-춰-	선생님

teacher

team	[tiːm] 티-임	조, 팀

team

tear	[tiər] 티어	눈물

tear

teeth	[tiːθ] 티-쓰	tooth(이, 치아)의 복수형

teeth

telephone	[téləfòun] 텔러포운	전화(기)

telephone

tell	[tel] 텔	말하다, 이야기하다

tell

temperature	[témpərətʃuər] 템퍼리쳐	온도, 체온

temperature

| **temple** | [témpl] 템플 | 사원, 절 |

temple

| **ten** | [ten] 텐 | 10, 열 |

ten

| **tennis** | [ténis] 테니스 | 테니스 |

tennis

| **tent** | [tent] 텐트 | 텐트, 천막 |

tent

| **terrible** | [térəbl] 테러블 | 심한, 지독한 |

terrible

| **test** | [test] 테스트 | 테스트, 시험 |

test

| **textbook** | [tékstbùk] 텍스트북 | 교과서 |

textbook

| **than** | [ðæn] 댄 | ~보다(도) |

than

| **thank** | [θæŋk] 쌩크 | 감사하다 |

thank

| **that** | [ðæt] 댓 | 저것 |

that

| **the** | [ðə]
더(자음 앞), 디(모음 앞) | 그 |

the

| **the U.S.A.** | [ði juːesei] 디유-에스 에이 | 미국(미합중국) |

the U.S.A.

| **theater** | [θí(ː)ətər] 씨어터- | 극장 |

theater

| **their** | [ðɛər] 데어 | 그들의 |

their

theirs

[ðɛərz] 데어즈 그들의 것

theirs

them

[ðem] 뎀 그들을(에게)

them

then

[ðen] 덴 그때(에)

then

there

[ðɛər] 데어- 거기에

there

these

[ði:z] 디-즈 이것들(this의 복수)

these

they

[ðei] 데이 그들, 그것들

they

thick

[θik] 씩 두꺼운

thick

| **thin** | [θin] 씬 | 얇은 |
| thin | | |

| **thing** | [θiŋ] 씽 | 것, 물건 |
| thing | | |

| **think** | [θiŋk] 씽크 | 생각하다 |
| think | | |

| **third** | [θəːrd] 써-드 | 제 3의, 세(번)째의 |
| third | | |

| **thirsty** | [θə́ːrsti] 써-스티 | 목마른 |
| thirsty | | |

| **thirteen** | [θə̀ːrtíːn] 써-티-인 | 13, 열 셋 |
| thirteen | | |

| **thirty** | [θə́ːrti] 써-티 | 30, 서른 |
| thirty | | |

this	[ðis] 디스	이것

this

those	[ðouz] 도우즈	그것들, 그 사람들(that의 복수)

those

thought	[θɔːt] 쏘-트	think(생각하다)의 과거

thought

thousand	[θáuzənd] 싸우전드	1000, 천

thousand

three	[θriː] 쓰리-	3, 셋

three

through	[θruː] 쓰루-	~을 통(과)하여

through

threw	[θruː] 쓰루-	throw(던지다) 의 과거

threw

throw	[θrou] 쓰로우	(내)던지다
throw		
throw away	[θrou əwéi] 쓰로우 어웨이	버리다
throw away		
thumb	[θʌm] 썸	엄지손가락
thumb		
Thursday	[θə́ːrzdi] 써-즈디	목요일
Thursday		
ticket	[tíkit] 티킷	표, 입장권
ticket		
tie	[tai] 타이	묶다
tie		
tiger	[táigər] 타이거-	호랑이
tiger		

till

[til] 틸   ～까지

till

time

[taim] 타임   시간

time

tired

[taiərd] 타이어-드   피로한, 지친

tired

to

[tu:] 투-   ～로, ～에게

to

today

[tədéi] 터데이   오늘

today

toe

[tou] 토우   발가락

toe

together

[təgéðər] 터게더-   함께, 같이

together

| **toilet** | [tɔ́ilit] 토일릿 | 변기 |

toilet

| **told** | [tould] 토울드 | tell(말하다)의 과거형 |

told

| **tomato** | [təméitou] 터메이토우 | 토마토 |

tomato

| **tomorrow** | [təmɔ́:rou] 터모-로우 | 내일 |

tomorrow

| **tongue** | [tʌŋ] 텅 | 혀 |

tongue

| **tonight** | [tənáit] 터나이트 | 오늘밤 |

tonight

| **too** | [tu:] 투- | ～도(역시), 너무 |

too

| **tooth** | [tu:θ] 투-쓰 | 이 |

tooth

| **toothache** | [túːθèik] 투-쓰에익 | 치통 |

toothache

| **toothbrush** | [túːθbrλʃ] 투-쓰브러쉬 | 칫솔 |

toothbrush

| **toothpaste** | [túːθpèist] 투-쓰페이스트 | 치약 |

toothpaste

| **top** | [tap] 탑 | 정상, 꼭대기 |

top

| **touch** | [tʌtʃ] 터취 | ～에 대다, 만지다 |

touch

| **toward** | [tɔːrd] 토-드 | ～쪽으로 |

toward

| **towel** | [táuəl] 타우얼 | 타월, 수건 |

towel

| **tower** | [táuər] 타우어- | 탑, 망루 |

tower

| **town** | [taun] 타운 | 읍내, 마을 |

town

| **toy** | [tɔi] 토이 | 장난감 |

toy

| **traditional** | [trədíʃənl] 트러디셔늘 | 전통의, 전통적인 |

traditional

| **train** | [trein] 트레인 | 열차, 기차 |

train

| **by train** | [bai trein] 바이 트레인 | 기차를 타고 |

by train

| **trash** | [træʃ] 트래쉬 | 쓰레기 |

trash

| **travel** | [trǽvəl] 트래벌 | 여행하다 |

travel

| **tree** | [tri:] 트리- | 나무 |

tree

| **trip** | [trip] 트립 | 여행 |

trip

| **trouble** | [trʌ́bl] 트러벌 | 고생, 근심 |

trouble

| **true** | [tru:] 트루- | 진실한 |

true

| **try** | [trai] 트라이 | 시도하다, 노력하다 |

try

try on	[trai ɔn] 트라이 온	입어(신어)보다

try on

Tuesday	[tjúːzdi] 튜-즈디	화요일

Tuesday

tulip	[tjúːlip] 튜-울립	튤립

tulip

turn	[təːrn] 터-언	돌리다, 돌다

turn

turn off	[təːrn ɔf] 터언 옾	끄다

turn off

turtle	[tə́ːrtl] 터-틀	바다거북

turtle

TV	[tíːvíː] 티-뷔	텔레비전

TV

twelve	[twelv] 트웰브	12, 열 둘
twelve		

twenty	[twénti] 트웬티	20, 스물
twenty		

twice	[twais] 톼이스	두 번, 2회
twice		

two	[tu:] 투-	2, 둘
two		

type	[taip] 타입	유형, 타입, 양식
type		

Uu

ugly	[ʌ́gli] 어글리	추한, 보기 흉한
ugly		
umbrella	[ʌmbrélə] 엄브렐러	우산
umbrella		
uncle	[ʌ́ŋkl] 엉컬	아저씨, 삼촌
uncle		
under	[ʌ́ndər] 언더	~아래에, ~밑에
under		
understand	[ʌ̀ndərstǽnd] 언더스탠드	이해하다
understand		
unhappy	[ʌnhǽpi] 언해피	불행한. 기분이 나쁜
unhappy		

until	[əntíl] 언틸	～까지
until		
up	[ʌp] 업	～위로, 위에
up		
upset	[ʌpsét] 업셋	속상한, 당황한
upset		
upstairs	[ʌ́pstέərz] 업스테어즈	위층에
upstairs		
us	[ʌs] 어스	우리를(에게)
us		
use	[juːz] 유-즈	쓰다, 사용하다
use		
useful	[júːsfəl] 유-스펄	쓸모 있는, 유용한
useful		

usual

[júːʒuəl] 유-주얼   평소의, 일상의

usual

usually

[júːʒuəli] 유-주월리   보통, 평소에는

usually

Vv

| vacation | [veikéiʃən] 베이케이션 | 휴가, 방학 |

vacation

| valley | [væli] 밸리 | 골짜기, 계곡 |

valley

| vase | [veis] 베이스 | (꽃)병 |

vase

| vegetable | [védʒətəbl] 베쥬터벌 | 야채 |

vegetable

| very | [véri] 베리 | 대단히, 매우 |

very

| vest | [vest] 베스트 | 조끼 |

vest

video

[vídiòu] 비디오우

(TV) 비디오, 영상
(구어) 텔레비젼

video

view

[vjuː] 뷰

전망, 경치

view

village

[vílidʒ] 빌리쥐

마을

village

violin

[vàiəlín] 바이얼린

바이올린

violin

visit

[vízit] 비짓

방문하다

visit

visitor

[vízitər] 비지터

방문자

visitor

voice

[vɔis] 보이스

목소리

voice

| **broccoli** | [brákəli] 브라컬리 | 브로콜리 |

broccoli

| **cabbage** | [kǽbidʒ] 캐비쥐 | 양배추 |

cabbage

| **corn** | [kɔːrn] 코온 | 옥수수 |

corn

| **cucumber** | [kjúːkəmbər] 큐-컴버 | 오이 |

cucumber

| **carrot** | [kǽrət] 캐럿 | 당근 |

carrot

| **eggplant** | [egplænt] 엑플랜트 | 가지 |

eggplant

mushroom

[mʌ́ʃrum] 머쉬룸　　버섯

mushroom

onion

[ʌ́njən] 어년　　양파

onion

parsley

[páːrsli] 파-슬리　　파슬리

parsley

pea

[piː] 피-　　완두콩

pea

potato

[pətéitou] 퍼테이토우　　감자

potato

radish

[rǽdiʃ] 래디쉬　　무

radish

spinach

[spínitʃ] 스피니취　　시금치

spinach

tomato

[təméitou] 터메이토우　　토마토

tomato

sweet potato

[swiːt pətéitou]
스위잇 퍼테이토우　　고구마

sweet potato

wait	[weit] 웨이트	기다리다
wake	[weik] 웨이크	잠깨다
walk	[wɔːk] 워-크	걷다
wall	[wɔːl] 워-얼	벽, 담
want	[wɔ(:)nt] 원트	원하다
war	[wɔːr] 워-	전쟁, 싸움

warm	[wɔ:rm] 워-엄	따뜻한
warm		

was	[waz] 워즈	~있었다, ~였다 (am, is의 과거형)
was		

wash	[waʃ] 와쉬	씻다
wash		

watch	[watʃ] 와취	지켜보다
watch		

watch out	[watʃ aut] 워취아웃	조심하다
watch out		

water	[wɔ́:tər] 워-터-	물
water		

way	[wei] 웨이	길, 도로
way		

| **we** | [wi:] 위- | 우리 |

we

| **weak** | [wi:k] 위-크 | 약한, 무력한 |

weak

| **wear** | [wɛər] 웨어- | 입고 있다, 끼고 있다 |

wear

| **weather** | [wéðər] 웨더- | 날씨, 기후 |

weather

| **wedding** | [wédiŋ] 웨딩 | 결혼, 결혼식 |

wedding

| **Wednesday** | [wénzdi] 웬즈디 | 수요일 |

Wednesday

| **week** | [wi:k] 위-크 | 주 |

week

| **weekend** | [wíːkènd] 위-켄드 | 주말 |

weekend

| **weight** | [weit] 웨이트 | 무게, 체중 |

weight

| **welcome** | [wélkəm] 웰컴 | 환영하다 |

welcome

| **well** | [wel] 웰 | 잘, 능숙하게 |

well

| **went** | [went] 웬트 | go(가다)의 과거 |

went

| **were** | [wəːr] 워- | ～있었다, ～였다(are의 과거형) |

were

| **west** | [west] 웨스트 | 서쪽 |

west

| **wet** | [wet] 웻 | 젖은, 마르지 않은 |

wet

| **what** | [hwat] 왓(홧) | 무엇 |

what

| **when** | [hwen] 웬(훼) | 언제 |

when

| **where** | [hwɛər] 웨어(훼어) | 어디에 |

where

| **which** | [hwitʃ] 위치(휘치) | 어느 것, 어느 쪽 |

which

| **while** | [hwail] 와일 | ~하는 동안에 |

while

| **whisper** | [hwíspər] 위(휘)스퍼 | 속삭이다, 작은 목소리로 말하다 |

whisper

| **who** | [hu:] 후- | 누구 |

who

| **whom** | [hu:m] 후움 | 누구를(에게) |

whom

| **whose** | [hu:z] 후-즈 | 누구의 |

whose

| **why** | [hwai] 와(화)이 | 왜, 어째서 |

why

| **wide** | [waid] 와이드 | 넓은 |

wide

| **wife** | [waif] 와이프 | 아내, 부인 |

wife

| **will** | [wil] 윌 | ~일(할) 것이다 |

will

| **win** | [win] 윈 | 이기다 |

win

| **wind** | [wind] 윈드 | 바람 |

wind

| **window** | [wíndou] 윈도우 | 창문 |

window

| **windy** | [windi] 윈디 | 바람이 센, 바람이 부는 |

windy

| **wing** | [wiŋ] 윙 | 날개 |

wing

| **winter** | [wíntər] 윈터- | 겨울 |

winter

| **wise** | [waiz] 와이즈 | 현명한, 영리한 |

wise

| **wish** | [wiʃ] 위쉬 | 바라다, 원하다, ~하고 싶어하다 |

wish

| **with** | [wið] 위드 | ~와 함께 |

with

| **within** | [wiðín] 위딘 | ~이내에 |

within

| **without** | [wiðáut] 위다우트 | ~없이 |

without

| **wolf** | [wulf] 울프 | 늑대 |

wolf

| **woman** | [wúmən] 우먼 | 여자 |

woman

| **won** | [wan] 완 | 원(한국의 화폐단위) |

won

| **wonder** | [wʌ́ndər] 원더- | 놀라다, 이상하게 여기다 |

wonder

| **wonderful** | [wʌ́ndərfəl] 원더-펄 | 놀라운. 훌륭한 |

wonderful

| **wood** | [wud] 우드 | 나무, 목재 |

wood

| **wool** | [wul] 울 | 털실, 양털 |

wool

| **word** | [wə:rd] 워-드 | 말, 낱말 |

word

| **work** | [wə:rk] 워-크 | 일(하다) |

work

| **world** | [wə:rld] 워-얼드 | 세계, 세상 |

world

| **worm** | [wə:rm] 워-엄 | 벌레 |

worm

| **worry** | [wéːri] 워-리 | 걱정하다 |

worry

| **write** | [rait] 라이트 | 쓰다 |

write

| **writer** | [rá itər] 라이터 | 작가 |

writer

| **wrong** | [rɔːŋ] 로-옹 | 나쁜, 잘못 |

wrong

| **wrote** | [rout] 로우트 | write의 과거형, 썼다 |

wrote

Sunday
[sʌ́ndei] 선데이   일요일

Sunday

Monday
[mʌ́ndei] 먼데이   월요일

Monday

Tuesday
[tjúːzdei] 튜-즈데이   화요일

Tuesday

Wednesday
[wénzdèi] 웬즈데이   수요일

Wednesday

Thursday
[θə́ːrzdei] 써-즈데이   목요일

Thursday

Friday
[fráidei] 프라이데이   금요일

Friday

Saturday

[sǽtərdèi] 새터데이　　토요일

Saturday

Xx

X-ray	[éksrèi] 엑스레이	엑스선, 뢴트겐 사진

X-ray

xylophone	[záiləfòun] 자일러포운	실로폰, 목금

xylophone

year	[jiər] 이어-	연(年), 해

year

yellow	[jélou] 옐로우	노란, 노란색의

yellow

yawn	[jɔːn] 요온	하품하다

yawn

yesterday	[jéstərdi] 예스터-디	어제, 어저께

yesterday

yet	[jet] 옛	아직

yet

yo-yo	[jóujòu] 요우요우	(장난감)요요

yo-yo

| **young** | [jʌŋ] 영 | 젊은, 어린 |

young

| **you** | [ju:] 유 | 당신(들), 너, 너희 |

you

| **your** | [juər] 유어 | 당신의, 너의, 네 |

your

| **yours** | [juərz] 유어즈 | 당신의 것, 네 것 |

yours

| **yourself** | [juərsélf] 유어셀프 | 당신자신, 네 자신 |

yourself

zebra	[zí:brə] 지-브러	얼룩말

zebra

zero	[zíərou] 지-어로우	제로, 영(0)

zero

zoo	[zu:] 주-	동물원

zoo

부록
문법 활용하기

● 명사의 복수 만들기

명사의 수에는 하나만을 나타내는 단수가 있고 둘 이상을 나타내는 복수가 있다.

1. 규칙변화

1) 보통은 단수형의 어미에 -s를 붙인다.
   - (예) books, cats, dogs. eggs. flowers, games 등.

2) 어미가 -s, z, ʒ, dʒ ʃ, tʃ 로 끝나는 명사는 -es를 붙인다.
   - (예) buses, bushes, benches. boxes 등.

3) (자음＋y)로 끝나는 명사는 y를 i로 고치고, -es를 붙인다.
   - (예) baby → babies, lady → ladies 등.

4) (모음＋y)로 끝나는 것에는 그대로 -s를 붙인다.
   - (예) boy → boys, toy → toys, monkey → monkeys 등.

5) (자음＋o)로 끝나는 것에는 대부분 -es를 붙인다.
   - (예) potatoes, tomatoes, heroes 등.

   ＊(자음＋o)로 끝나지만 예외가 있다.
   - (예) photos, pianos, autos 등.

6) (모음＋o)로 끝나는 것에는 -s를 붙인다.
   - (예) radios, studios, bamboos 등.

7) 어미가 -f, -fe 로 끝나는 명사
   - ① 원칙적으로 -f, -fe를 -ves로 고친다.
   - (예) knife → knives, half → halves, life → lives 등.

   - ② -f, -fe로 끝나는 것 중에서 그대로 -s를 붙이는 것.
   - (예) chief → chiefs, roof → roofs 등.

③ 2가지 복수형이 있는 것

(예) dwarf → dwarfs, dwarves, hoof → hoofs, hooves 등.

2. 불규칙 변화

1) 모음이 변화는 것

(예) man → men, woman → women, foot → feet 등.
mouse → mice, louse → lice 등.

2) 어미에 -en, ren 이 붙는 것

(예) ox → oxen, child → children 등.

3) 단수, 복수가 동형(같은 형태)인 것

(예) sheep, deer, fish 등.

● 명사의 불규칙 변화표

단수	복수	단수	복수
man	men	ox	oxen
woman	women	child	children
gentleman	gentlemen	knife	knives
foot	feet	wife	wives
goose	geese	wolf	wolves
tooth	teeth	deer	deer
mouse	mice	fish	fish
louse	lice	sheep	sheep

● 인칭대명사

말하는 사람은 1인칭, 듣는 사람은 2인칭, 1인칭과 2인칭 이외의 모든 사람과 사물을 3인칭이라 한다.

각 인칭에는 단수와 복수가 있고, 인칭의 구별을 나타내는 대명사를 인칭 대명사

라고 한다. 또 인칭대명사는 인칭, 격, 수에 따라 변한다.
표로 정리하면 다음과 같다.

인칭대명사표

인칭		주격	소유격	목적격	소유대명사
		은/는/이/가	~의	~을/를/에게	~의 것
1인칭	단수	I	my	me	mine
	복수	we	our	us	ours
2인칭	단수	you	your	you	yours
	복수	you	your	you	yours
3인칭	단수	she	her	her	hers
		he	his	him	his
		it	its	it	
	복수	they	their	them	theirs

● **동사 중에서 be 동사는 인칭과 수에 따라 그 형태가 변한다.**

1) be 동사 변화표

인칭	단수			복수		
		현재	과거		현재	과거
1인칭	I	am	was	we	are	were
2인칭	you	are	were	you	are	were
3인칭	she he it	is	was	they	are	were

2) be 동사의 부정문과 의문문

긍정문	부정문	의문문
I am = I'm	I am not = I'm not	Am I~?
You are = You're	You are not = You aren't	Are you~?
He/She/It is = He's/ She's /It's	He/She/It is not = He/She/It isn't	Is he/she/it~?

● 동사의 활용

동사는 시제에 따라 현재형, 과거형, 과거분사형의 3가지로 형태가 변한다.
과거와 과거분사형은 〈원형+(e)d〉의 형태로 변하는 규칙동사와 그 이외의 방법
으로 변하는 불규칙동사가 있다.

1. 3인칭 단수, 현재

1) 동사의 어미에 -s를 붙인다.

   예 play(원형) → plays
   She plays the piano very well. (그녀는 피아노를 아주 잘 친다.)

2) 어미가 〈자음+y〉로 끝날 때 y를 i로 고치고 -es를 붙인다.

   예 study(원형) → studies
   He studies very hard. (그는 열심히 공부한다.)

2. 규칙동사(과거, 과거분사)

1) 일반적으로 원형의 어미에 -ed를 붙인다.

   예 help(원형) → helped(과거형), helped(과거분사)

2) 어미가 -e로 끝나는 동사는 원형의 어미에 −d만 붙인다.

   예 die(원형) → died(과거형) → died(과거분사)
   like(원형) → liked(과거형) → liked(과거분사) 등.

3) 어미가 〈자음+y〉인 동사는 y를 i로 바꾸고 -ed를 붙인다.

   예 cry(원형) → cried(과거형) → cried(과거분사)
   study(원형) → studied(과거형) → studied(과거분사) 등.

4) 〈단모음자+하나의 자음자〉로 끝나는 단음절의 동사는 어미의 자음을 한 번 더
   넣고 -ed를 붙인다.

   예 stop(원형) → stopped(과거형) → stopped(과거분사)

5) 〈하나의 모음자+하나의 r〉은 r을 한 번 더 넣고 -ed를 붙인다.

   예 stir(원형) → stirred(과거형) → stirred(과거분사)

3. 불규칙동사(과거, 과거분사)

1) 과거형과 과거분사가 같은 것

   예 bring-brought, brought
   buy-bought, bought
   teach-taught, taught 등

2) 모음이 변하는 것

   예 feel-felt, felt
   keep – kept, kept
   meet – met, met 등

3) 어미의 -d가 -t로 변하는 것

   예 build-built, built
   send-sent, sent
   spend-spent, spent 등.

● **불규칙동사표**

현재	과거	과거분사
am	was	been
are	were	been
is	was	been
awake	awoke	awoke
bear	bore	born(borne)
beat	beat	beat(beaten)
become	became	become
begin	began	begun
bite	bit	bitten
blow	blew	blown
break	broke	broken
bring	brought	brought
broadcast	broadcast	broadcast
build	built	built
burn	burned	burned
	burnt	burnt
buy	bought	bought

can	could	–
catch	caught	caught
choose	chose	chosen
come	came	come
cut	cut	cut
deal	dealt	dealt
dig	dug	dug
do	did	done
draw	drew	drawn
dream	dreamt	dreamt
drink	drank	drunk
drive	drove	driven
eat	ate	eaten
fall	fell	fallen
feed	fed	fed
feel	felt	felt
fight	fought	fought
find	found	found
fly	flew	flown
forget	forgot	forgot(forgotten)
get	got	got(gotten)
give	gave	given
go	went	gone
grow	grew	grown
hang	hung	hung
have(has)	had	had
hear	heard	heard
hide	hid	hid(hidden)
hit	hit	hit
hold	held	held
hurt	hurt	hurt
keep	kept	kept
knit	knit(knitted)	knit(knitted)
know	knew	known
lay	laid	laid
lead	led	led
learn	learned	learned
leave	left	left
lend	lent	lent
let	let	let
lie	lied	lied
light	lighted	lighted

lose	lost	lost
make	made	made
may	might	–
mean	meant	meant
meet	met	met
mistake	mistook	mistaken
must	must	–
pass	passed	passed(past)
pay	paid	paid
put	put	put
read	read	read
ride	rode	ridden
ring	rang	rung
rise	rose	risen
run	ran	run
say	said	said
see	saw	seen
sell	sold	sold
send	sent	sent
set	set	set
sew	sewed	sewed(sewn)
shake	shook	shaken
shall	should	–
shine	shone	shone
shoot	shot	shot
show	showed	showed(shown)
shut	shut	shut
sing	sang	sung
sink	sank	sunk(sunken)
sit	sat	sat
sleep	slept	slept
smell	smelt	smelt
speak	spoke	spoken
spell	spelt	spelt
spend	spent	spent
spread	spread	spread
spring	sprang	sprung
stand	stood	stood
steal	stole	stolen
stick	stuck	stuck
strike	struck	struck
sweep	swept	swept

swim	swam	swum
take	took	taken
teach	taught	taught
tear	tore	torn
tell	told	told
think	thought	thought
throw	threw	thrown
understand	understood	understood
wake	woke	waken
wear	wore	worn
weep	wept	wept
will	would	–
win	won	won
wind	wound	wound
write	wrote	written

● 형용사, 부사의 불규칙변화표

원급	비교급(더~한)	최상급(가장~한)
good, well	better	best
bad, ill	worse	worst
many, much	more	most
little	less	least
far	farther, further	farthest, furthest
late	later, latter	latest, last
old	older, elder	oldest, eldest